サッカーに限らず
チームスポーツや学校生活
さらにビジネスの
現場まで広がる…

書籍・DVD・漫画に続く
ボトムアップ理論
シリーズの
最新刊

図解 ボトムアップ理論®

自ら考えて行動できる、自主自立した組織づくり

(一社)ボトムアップパーソンズ協会 代表理事
畑 喜美夫［著］
Kimio Hata

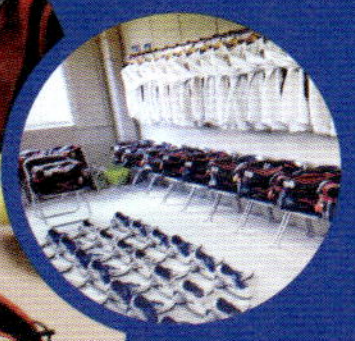

選手が主役のボトムアップ理論で、自主自立の精神を整える

ボトムアップの3大原則

挨拶／返事
整理・整頓・掃除（3S活動）
▶選手育成の3本柱

量より質、信頼と絆
自主自立の精神
▶組織構築の3本柱

選手一人ひとりに役割を与える
▶全員リーダー制

ザメディアジョン

ボトムアップ理論®

整理・整頓・掃除（3S活動）

ボトムアップ理論®

整理・整頓・掃除（3S活動）

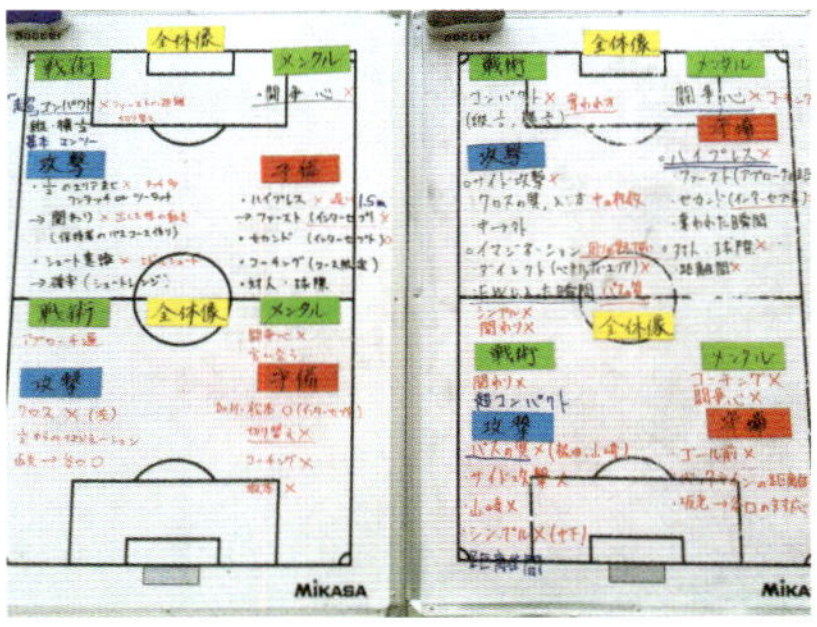

はじめに

サッカーを超え、他競技や学級、ビジネスの現場まで広がるボトムアップ理論®

ボトムアップ理論の礎は少年期の〝選手が主役〟のサッカー

私は小学校2年生のときにサッカーへの興味を抱き、地元の広島大河FCに入団しました。その当時監督だった恩師・浜本敏勝先生が実践されていたのが〝選手が主役〟のサッカーです。練習も試合もみんなで話し合い、実践し、課題が生まれればまたみんなで話し合って解決していくという経験が、のちに指導者としての道を選んだ私の礎となっています。

そして、自分なりに考えて指導を実践しながら確立していったのが「ボトムアップ理論」です。選手の自主性や主体性を引き出し、選手全員で考えながらサッカーを創造していくボトムアップ型の指導を、私は広島県立広島観音高校で始めました。それから10年後の2006年、当時高校サッカー界において同校はまったくの無名校でしたが、全国高等学校総合体育大会サッカー競技大会に初出場して初の全国制覇を成し遂げたのです。2011年に赴任した広島県立安芸南高校でも同じくボトムアップ型指導を行い、最下位リーグだった県4部からトップリーグの県1部に、そして、県ベスト8の常連校に入れるまでに選手たちは素晴らしい成長を見せてくれました。

〝「やり方」の前に「あり方」〟方法を学ぶよりも大切なこと

自分なりに試行錯誤を重ねながら構築してきたボトムアップ理論ですが、では理論を取り入れようと「やり方」を習って同じように実践すれば、思った通りの成果が得られるのでしょうか。私は、「やり方」、つまり実践の方法を習う前に、基礎基本となる土台をしっかりつくっておく必要があると考えています。その土台が「あり方」です。〝目的がいかに大切か〟ということです。「何のためにそれをするのか」、「どんな思いでそれをするのか」、「どういう気持ちでそれをするのか」が明確になっていないのに、方法だけ追求しても絶対にうまくはいきません。ボトムアップ理論にもやり方はいろいろありますが、「なぜこのボトムアップ理論を採用するのか」が分からないまま実践しても、ある程度のレベルまでは到達できるかもしれませんが、それ以上のレベルへの成長は見込めません。

建物に例えれば、建物を支える基礎で、土の中に埋まって見えない部分が「あり方」で、地上の建物部分のように、目に見えている部分が「やり方」になります。何も起きていないときには、建物の基礎がしっかりしていなくても何の問題もありませんが、台風や地震などに見舞われたとき、何かあったときに基礎がしっかりしていない建物はすぐに倒壊してしまいます。だからこそ、人間も同じで、基礎基本をしっかりとつくっておくことは大切で、常日頃から「何のためにするのか」という「あり方」をしっかりしておくことが求められるのです。

「良樹細根」を目指して見えない部分にこそ高い意識を

これを樹木に例えた言葉が「良樹細根（りょうじゅさいこん）」です。良い樹は必ず、細かい根が地中に深く広く張っているものです。根が丈夫な限り、樹は自然に枝を伸ばしていくものですが、人は「きれいだな、素敵だな、大きいな」と地上の枝葉ばかりに気を取られてしまいがちです。しかし、目に見えない根っこの部分（土壌を耕す）にこそしっかりと意識を向け、うまく育ててやらなければ根が腐ってしまい、樹全体が枯れて死んでしまいます。いくらがんばっても人から認められない、褒められない、評価されないからといって、根っこの部分をおろそかにし、無理に樹の枝葉を伸ばそうとしてもなかなかうまくはいきません。

「見えない部分をいかにきっちりしておくか」を大切に考え、根っこの部分を強くするための一環として、安芸南高校サッカー部では心を込めての挨拶や掃除などの単純・単調な作業を根気強くやり続けています。基本となる軸がない人はピンチやトラブルに弱く、迅速な対処がなかなかできないものです。しかし、人間としての確かな軸がある人は、ピンチもチャンスに変えることができます。

組織に根付くボトムアップ理論は「何のためにやるのか」が出発点

ボトムアップ理論においても、目に見える「やり方」ばかりに意識が集まり、目に見えない「あり方」をないがしろにしてしまっては、ボトムアップ理論を完全に根付かせることは難しいでしょう。「あり方」をしっかり構築するためにしていることとしては、例えば部室や遠征先での荷物をきれいに整頓する、挨拶、他人を思いやったり、共感する心を育む、などです。荷物整理一つとってみても、何のためにするのかを分かってからやらなければ意味がありません。

サッカーのチーム運営から始まったボトムアップ理論は、今やあらゆる競技や学級経営、ビジネスの現場に、人財育成、組織構築として広がりを見せています。どんな組織であれ、方法やマニュアルなど、目に見える部分は誰にも分かりやすく取り入れやすいものですが、あくまでも「何のためにやっているのか」というところを自分たちが分かってからスタートしなければ、ただ真似するだけではうまくいかないでしょう。そのことを最初にしっかりと意識しておいてから、ボトムアップ理論の実践に入っていただきたいと切に思います。

一般社団法人ボトムアップパーソンズ協会
代表理事　畑 喜美夫

目次

第2章 ボトムアップ理論®「実践編」

第3章

ボトムアップ理論®「応用編」

第1章

ボトムアップ理論®
基礎編

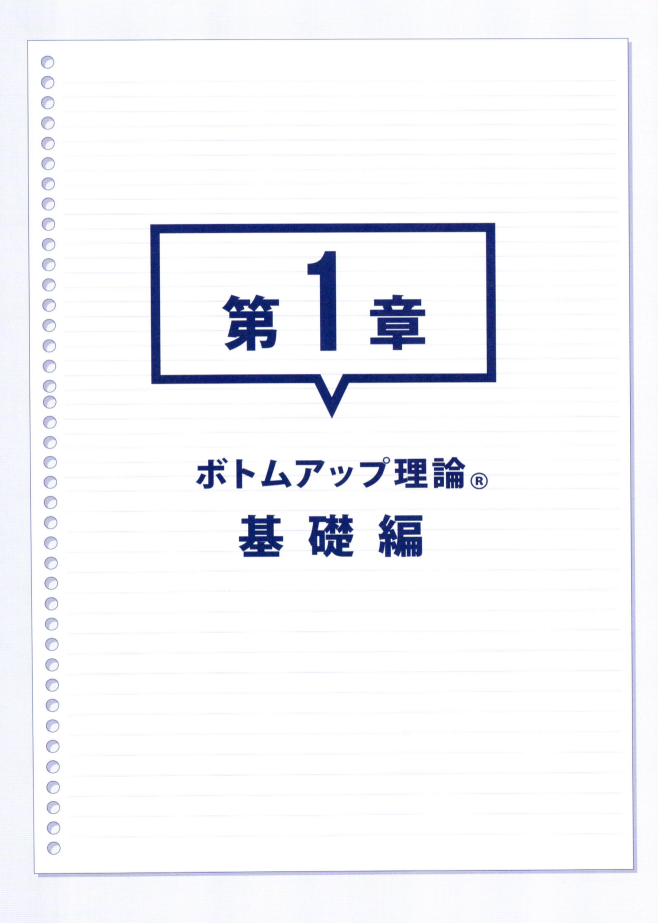

1 ボトムアップとトップダウン

現場主導による意思決定で自ら考え積極的に行動できる人間に

選手たちが自ら気づき実行することで自発性を向上

学校の部活動をはじめ、組織を運営していくにあたっては、ボトムアップとトップダウンという2つの方式があります。

まずトップダウンとは、監督やコーチなど上位の者が主導して事業、練習内容を決定(=上意下達)し、指示・命令によって選手らを従わせる管理方式です。この場合、主役は上位の者になります。

一方、ボトムアップは、現場主導で出された意見を吸い上げて意思決定(=下意上達)がなされる方式です。これにより、選手個々がもつ力や現場力を高めることで自発性を促し、パフォーマンスを上げることを目指します。組織を構成する一人ひとりが、観たり感じるなど五感を働かせることで、気づき、実行するのがボトムアップ。トップダウンとは異なり、主役は選手たちです。そのようなボトムアップによるアプローチで、この一連の流れが自然とできるようになる人財を育てていきます。

ボトムアップを実践するには、選手らに「考えさせる」、「任せる」といったことが求められますが、振り返ってみると今までの世の中や教育のあり方はトップダウン方式が中心で、上に立つ者の言うことに従うのが当たり前という風潮もありました。しかし、トップダウンとは逆の意味であるボトムアップ方式によって、組織を活性化したりレベルアップを図るアプローチもあるのだと広く知っていただければと思っています。

相互理解と合意形成を図りつつ組織としての意思を決定

ボトムアップでは、独裁政権のように一人の意見で何もかもが決まるのではなく、常にミーティングをしていきながら相互理解を深め、合意形成をしながら組織としての意思決定をしていきます。全員が納得しながら前進していくという形なので、実戦的な対応ができる上、意見が取り上げられることで一人ひとりのモチベーションも上がります。

残念なことに、近年アマチュアスポーツ界における不祥事が次々に明るみになっています。トップダウンが一概に悪いわけではありませんが、行き過ぎてしまうとその弊害として事件や事故につながる怖さがあるということがいえるでしょう。これに対し、ボトムアップではディスカッションの中で対話力を重視していき、合意形成・相互理解を図りながら物事を進めていくため、大きな事件・事故につながることはほぼありません。

また、トップダウンの場合、例えば「ゴミが落ちているから拾いなさい」、「汚いから掃除をしなさい」など、耳から指示を入れていく形のため、どうしても指示待ち人間になってしまいがちです。しかし、常に一人ひとりが観て感じ、気づいて実行するボトムアップは目から入れていく形なので、ゴミが落ちていれば各々が見つけて拾って捨てるだけ。汚れているなと感じれば、各々が掃除してきれいにするだけです。これだと即効性があり、一人ひとりに自発性も出てきます。これこそがボトムアップの長所なのです。

1　ボトムアップとトップダウン

トップダウンとボトムアップの違い

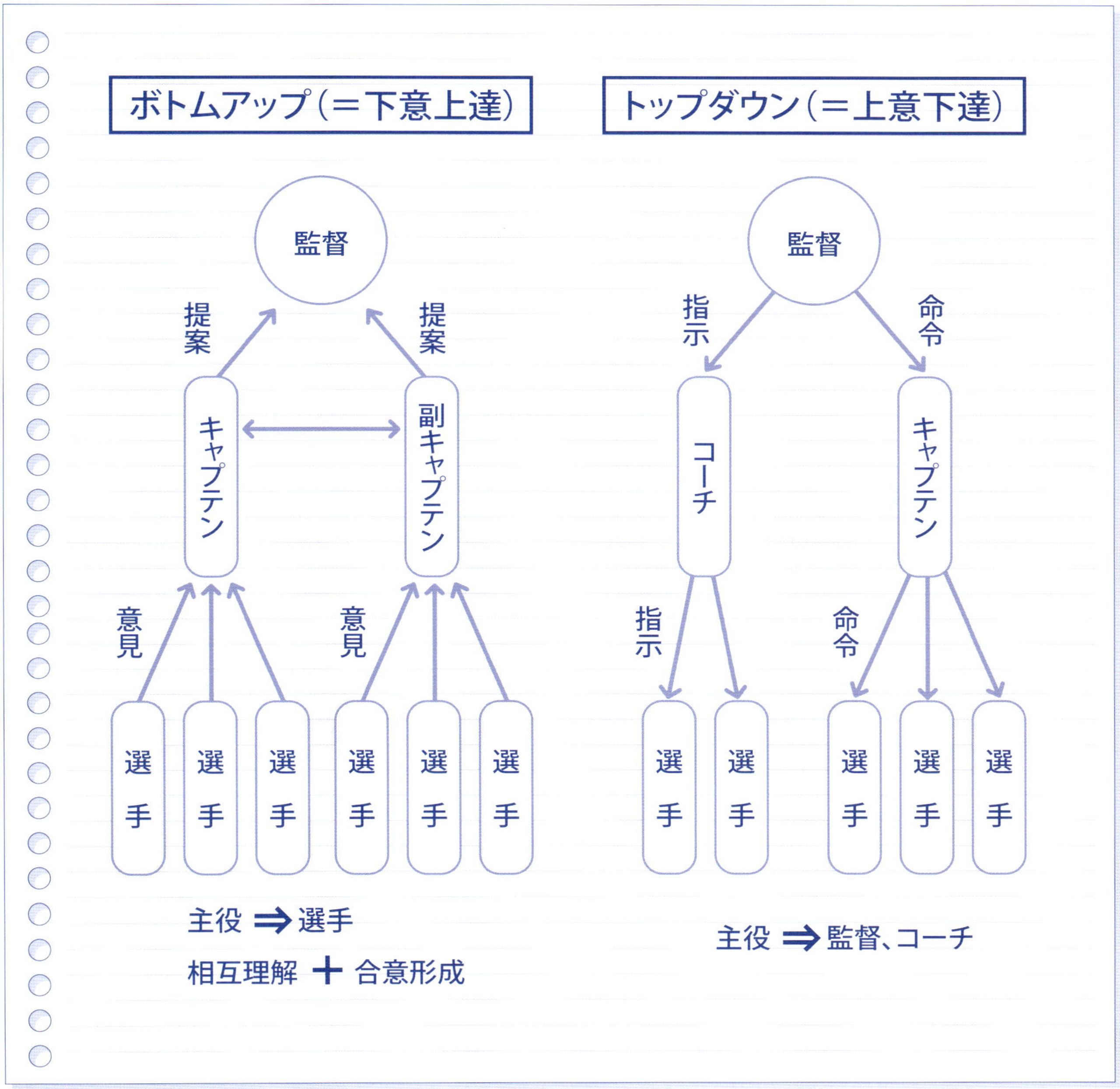

POINT

**選手が主体的に考え、
積極的に行動できるようにするために、
監督は基本、観守り、気づかせる。**

2 「チームの方向性を合わせて全員で共有 ミッションとビジョンのベクトルを合わせることが重要」

勝利よりも人間的な成長 優先順位は組織全体で共有

チームづくりを進めていくにあたっては、選手全員が同じベクトル（全体像）に向かって一つにまとまることが大切です。サッカー部に例えると、「何のためにサッカーをしているのか」という命題に対して選手全員が共通の意識を持つこと。そうした意識を全体で共有するために必要な要素が「ミッション」と「ビジョン」です。

ミッションとは「目的・使命」であり、常に追い求める「追求型」であり続けるものです。当校サッカー部のミッションは、「道徳心、倫理観を持った人間力の育成」。人間力はどんどん高めていけるものなので、人間力の育成に終わりはありません。

一方、ビジョンとは「目標・未来像」であり、終わりのある「完結型」でなければなりません。目標を設定し、それをクリアすればまた次の目標……というふうにどんどん目標のレベルを上げていくのです。当校サッカー部でいえば最初は県大会出場、それをクリアすればベスト16、次はベスト8といった具合です。

私たちの場合、ミッションとビジョンを明確にし、組織全体の方向性を選手や保護者、スタッフと常に共有しているため、クレームが発生することはありません。方向性が三者それぞれバラバラになってしまえばさまざまな不都合が生じてしまい、不満や疑問の声も湧き出てくることになります。「人間的な成長なくして試合に勝ったとしても、決して褒められるものではない」ということを全員がしっかり理解していれば、たとえ試合に負けたとしても常に人間的な成長が優先順位として上位にあるので、「負けたから学ぶ」というポジティブな考え方になるのです。

ミッションとビジョンの逆転が 組織や子どもを追い詰める

気をつけたいのは、ミッションとビジョンが絶対に入れ替わることのないようにしなければならないということです。人間力の育成よりも試合の勝ち負けの優先順位が高くなれば、監督が選手を殴る蹴るなどの体罰や罵声を浴びせるといった行動にもつながりかねません。あるいは、監督が「赤点を取ったら練習させないぞ」とか「ダッシュ１００本させるぞ」などと言った場合、恐怖が先に立ちカンニングをしてでも点を取ろうとする子が出てきます。このようにスポーツ界やビジネス界で不祥事が起きているのは、ビジョンがいつの間にかミッションにすり替わってしまったことに原因があるのではないでしょうか。

子育てにおいても同じことがいえます。小さいときから何事も「できる・できない」で育ててしまうと、子どもが物事をうまくできないのを見て、親は「何やってるの！」などとつい言ってしまいがちです。これは、うまくできることがミッションになってしまっているからです。子育てにおけるミッションはあくまでも人づくり。ミッションとビジョンを分けて考えることができていれば、うまくできないときでも、「どうやったらできるか考えてみよう」という言葉掛けができ、それが子どもに安心感を与えることになるのです。

2 チームの方向性を合わせて全員で共有

ミッションとビジョンのベクトルを合わせることが重要

ミッション ＝ 目的・使命 ⇒ 常に追い求める「追求型」

安芸南高校サッカー部のミッション

道徳心、倫理観を持った人間力の育成

ビジョン ＝ 目標・未来像 ⇒ 終わりのある「完結型」

安芸南高校サッカー部のビジョン

初年度は、県大会出場

２年目は、ベスト16

３年目は、ベスト8。それををクリアすれば、

次のレベルアップ！

ミッション ＋ **ビジョン** を選手、スタッフ、保護者と常に共有

POINT

当たり前のことを当たり前にできるように。
良い習慣は才能を超える。

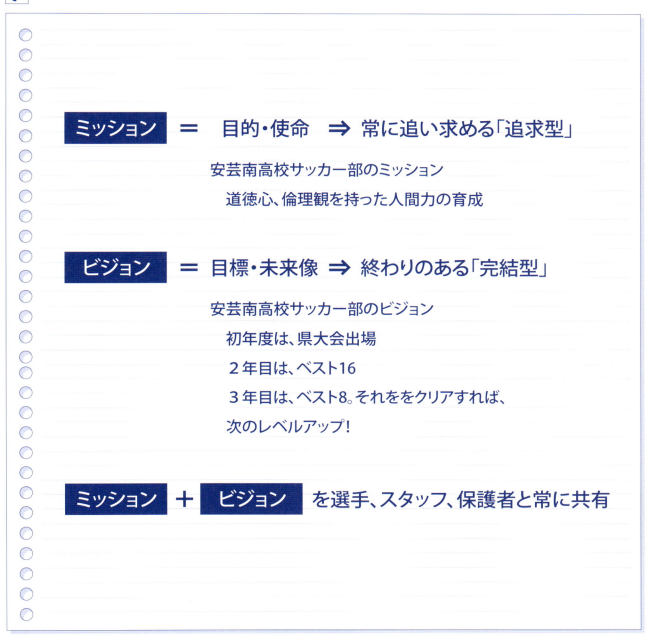

3 ボトムアップの3大原則

「自ら考えて積極的に行動できる選手を育て、自主自立した組織に」

オフ・ザ・ピッチを大切に 凡事徹底から始まる選手育成

ボトムアップ理論を実践していくにあたっては、3つの大きな原則があります。それが、「選手育成の基本となる3本柱」、「組織構築の3本柱」、「全員リーダー制」です。

選手育成にあたってまず大切なのは「凡事徹底」。そこで、「挨拶」、「返事」、「整理・整頓・掃除」（3S活動）の3本柱を全員に徹底させていくことが選手育成の第一歩になります。これは選手育成に限らず、子どもたちがこれから世の中に出て生きていくために、ある意味勉強ができることよりも大切な〝一生ものの力〟を育てるために必要なことともいえるでしょう。

挨拶はコミュニケーションの基本です。うわべだけで挨拶すれば良いのではなく、相手が気持ち良くなるような挨拶を子どもたち自ら考え、主体的に挨拶をすることが大切です。

返事は、コミュニケーションを取る中で各自が責任をもって「はい」「いいえ」を判断することの大切さを子どもたちに感じてもらいたいのです。特に、「いいえ」と言える環境をつくることが一番のポイントとなります。

3S活動は、部室や遠征先での荷物置き場の整理・整頓・掃除をはじめとして、さまざまな場面における後片付けのこと。身の回りが整理できていないことに気づけないようでは、ピッチで試合をする中で何かに気づき、良いプレーにつなげることなどできないでしょう。

組織構築は選手主導の運営が鍵 必要とされている実感が強い絆に

次に、組織構築の3本柱の構成要素となるのが、「量より質のトレーニング」、「信頼と絆」、「自主自立の精神」です。

「量より質」とはよく使われる言葉ですが、長時間練習をするのではなく、質の高い練習をすることこそが大切であるということです。安芸南高校では、短時間練習を取り入れ全体練習は基本毎週火曜日と木曜日の放課後のみの90分。これによってケガのリスクを低下させ、選手たちのモチベーションを高める効果を得ることができました。

「信頼と絆」も、チームの結束に必要不可欠なもの。監督である私と選手、そして選手同士の信頼と絆を強くするために、2種類のノートを活用しています。それが、試合の反省や総評などを書き込むサッカーノートと、トレーニングプランなどサッカーのことだけでなくプライベートなことも書き込めるトレーニングノート（コミュニケーションノート）です。

最後の柱・「自主自立の精神」は、選手たちが自分たちで考え、話し合って物事を決めていきながら自主自立したチーム運営をしていくことを目指すものです。監督主導ではなく、選手主導であることに大きな意味があります。そして、ボトムアップ理論3大原則の最後は「全員リーダー制」です。学年やサッカー経験に関係なく、選手一人ひとりに役割を与え、責任感を持って任務を全うしてもらうとともに、自分がチームにとって必要な存在であることを実感してもらうことが目的です。これらのリーダーもすべて、選手たち同士で考えながら決めてもらいます。

3 ボトムアップの3大原則

自ら考えて積極的に行動できる選手を育て、自主自立した組織をつくる

ボトムアップの3大原則

選手育成の３本柱

① 挨拶　コミュニケーションの基本
② 返事　「いいえ」と言える環境づくりがポイント！
③ 整理・整頓・掃除（3S活動）　部屋、更衣場所の整理・整頓・掃除

組織構築の３本柱

① 量より質のトレーニング　全体練習は毎週火曜・木曜のみ
② 信頼と絆　2冊のノート（サッカーノート・トレーニングノート）
③ 自主自立の精神　選手たちが考え、話し合って決める

全員リーダー制

学年やサッカー経験に関係なく、選手一人ひとりに役割を与え、
責任感を持って任務を全うする

POINT

ボトムアップ導入は、
日常生活の基本的なところから整えていく。

4 選手育成の3本柱

「挨拶、返事、整理・整頓・掃除（3S活動）の習慣づけで選手は成長する」

主体的な挨拶と責任ある返事がボトムアップの土壌をつくる

良い習慣が身に付いていれば、時に才能をもっている選手よりも良い選手になれることすらあり得ます。そこで、ボトムアップ理論では選手育成を行うにあたり、「挨拶」「返事」「整理・整頓・掃除」（3S活動）という凡事を3本柱に据えて徹底し、習慣付けていきます。

コミュニケーションの第一歩である挨拶は、ただ一方的に言葉を発することなら簡単です。重要なのは、相手の心の扉を開きながら自分の心の扉を開いていくつもりで主体的に挨拶をすることです。そのためには、きちんと相手の目を見て心で挨拶すること。これも、ボトムアップ理論を実践する前の「あり方」が確立されていなければ長続きしません。

また、挨拶は他人の存在を認める行為でもあります。人とすれ違っても、挨拶をしなければその人の存在は自分にとってないに等しいものになるからです。例えば、ボトムアップの実践プログラムをA校とB校で行ったところ、A校はボトムアップがうまくいき、B校はうまくいかなかったとします。2校で何が違ったのかを探ると、それが挨拶だったということが多いのです。選手同士や先輩後輩の間で、良い空気感の中できちんと挨拶ができ、他人を承認できるような当たり前のことが当たり前にできている学校には何を取り入れてもうまくいくものです。逆に、それができていなければ、どんなに良いものを取り入れてもうまくいかないというのが私の実感です。返事は、各自が責任をもって「はい」「いいえ」を判断することが大切です。私たちはつい安易に「はい」と言ってしまいがちですが、一番重要なのが「いいえ、分かりません」と言える環境をつくること。指導者に言われるがままに動くのではなく、自ら考え、分からなかったり違うと感じて「いいえ」と言えるようになるのは喜ばしいことで、成長の証です。ボトムアップを行うまでは、指導者の言うことに対してほとんどの選手がただ聞き入れるだけで、言われたことだけをやるという姿勢が目立つケースがほとんどです。しかし、ボトムアップを実践していくうちに決められたことだけをやるのではなく、「僕たちはこう思います」という意見が出るようになる頃から選手たちは頼もしくなっていきます。

日常での気づきレベルを上げて試合中に多く気づける選手に

「整理・整頓・掃除」（3S活動）には、日常での気づきのレベルを上げることが試合の中での気づきにつながると考えて重視し、「整理・整頓・掃除」からなる「3S」を通して実践しています。いるものといらないものを分け、いらないものを捨てる「整理」、いるものの中でいつでも素早く取り出しやすいよう整えていく「整頓」。そして、きれいにすることによって自分の心も磨いていく「掃除」という3S活動を始めたのが今から8年前でした。当時サッカー部の部室は靴が散らかり、棚からジャージが落ちかけているような状況でしたが、3S活動を実践していくうちに見事なまでに整頓され、靴や鞄の並べ方も生徒自身が考えて工夫するようになったのです。

4 選手育成の3本柱

挨拶、返事、身の回りの整理（3S 活動）の習慣づけで選手は成長する

選手育成の3本柱

- ① 挨拶
  - 相手の心の扉を開きながら気持ちをのせて主体的に挨拶
- ② 返事
  - 「いいえ、分かりません」と言える環境をつくること
- ③ 整理・整頓・掃除（3S活動）
  - 整　理：いらないものを捨てる
  - 整　頓：いるものの中でいつでも素早く取り出しやすいように整える
  - 掃　除：自分の心を磨いていく「きれいを保つ＝心を保つ」

POINT

主体的な挨拶と責任ある返事、きれいな心がボトムアップの土壌をつくる。

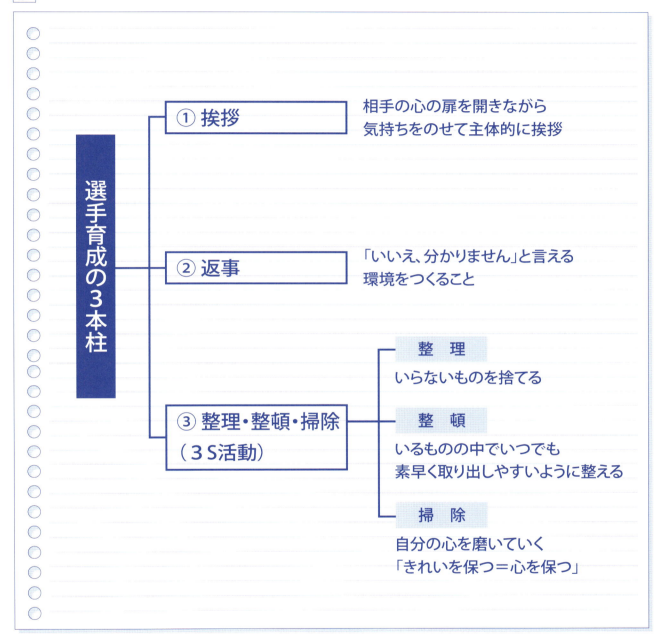

5 組織構築の3本柱

自主自立の精神を磨き、絆を強めて強いチームに

ケガを防いで練習意欲もアップ 2冊のノートが結ぶ信頼と絆

ボトムアップ理論では、選手育成と同様に組織構築においても3本柱があります。それが、「量より質のトレーニング」、「信頼と絆」、「自主自立の精神」です。

長時間練習をすれば、一見充実した練習をしているように見えます。しかし、それよりも本質を大切にした練習の方が大事であるというのが量より質のトレーニング」です。安芸南高校のサッカー部でいえば、全体練習は毎週火曜日と木曜日の放課後の週2回で各90分のみ。練習時間も練習日も短くすることで、疲労を回復してから次の日の練習に臨めるため、身体を酷使することなく良いコンディションを保つことができます。また、全体練習日が少ないということは、練習のない日に「練習したくてたまらない!」という意欲をかき立てることになり、貴重な練習日に高いモチベーションで臨むことができます。さらには、限られた練習時間の中でいかに合理的に効率の良い練習ができるかを、選手たちが自ら考えるようになっていきます。

2本目の柱は、チームの結束において大切な「信頼と絆」。監督と選手、選手と選手のそれぞれの距離感を縮め、信頼を深めるためのツールとしているのが2種類のノートです。1つは土日の試合で良かったこと、反省点、次の練習や試合への決意などを書き込む「サッカーノート」です。書き込みに対して私はアドバイスをしますが、大切なのはいきなり答えを提示するのではなく、選手自身が考えて答えを導き出せるように返信すること。少し時間がかかっても、じっくり考えて改善していくよう促すのが肝心です。もう1つの「トレーニングノート」は、全体練習のない日に起床から就寝までの24時間をどうコーディネートしているか、自主トレの内容などを書くものです。ここでのアドバイスも、本質を突いていなくても決して否定はせず、選手自身に考えさせて改善に導いていきます。他にも勉強や家族、時には趣味や恋愛など、サッカー以外のプライベートなことも書いて共有し、選手を多角的にとらえることが指導に生きてくることも。こうして緊密なコミュニケーションを図り、信頼と絆を強めていきます。

選手がすべてを考えて決める 自主自立の精神でたくましく成長

3本目の柱「自主自立の精神」は、チーム運営を選手たち自身で行うために必要なものです。通常は監督や指導者が行う選手登録やスタメンの決定なども、ボトムアップでは選手たちに任せます。だからこそ、選手たちは「自分たちでチームを創っているんだ」という確かな実感を持ち、試合前にはメンバー選びからゲームプラン、戦術に至るまで自分たちで決定します。勝っても負けても、他の誰のせいでもなく自分たちの責任。自分たちで真摯に結果を受け止め、試合内容を振り返って反省し、次回の試合や練習に生かしていきます。失敗や挫折に直面しても、一人ひとりが考え、話し合うことを重ねる過程で、選手たちは変化を遂げながら成長していきます。

5　組織構築の3本柱

✓ 自主自立の精神を磨き、信頼と絆を強める

組織構築の3本柱

- **① 量より質のトレーニング**
  全体練習は毎週火曜日・木曜日　週２回、各90分のみ
- **② 信頼と絆**
  ２冊のノートでコミュニケーション
  - **サッカーノート**
    練習や試合への決意・反省
  - **トレーニングノート**
    全体練習のない日の
    コーディネート
- **③自主自立の精神**
  チーム運営を選手たち自身で行う
  選手登録、スタメン決定、メンバー選び、ゲームプラン、
  選手交代、練習メニュー、戦術に至るまで選手が決定

POINT

選手がすべてを考えて決める
自主自立の精神で変化を遂げ成長。

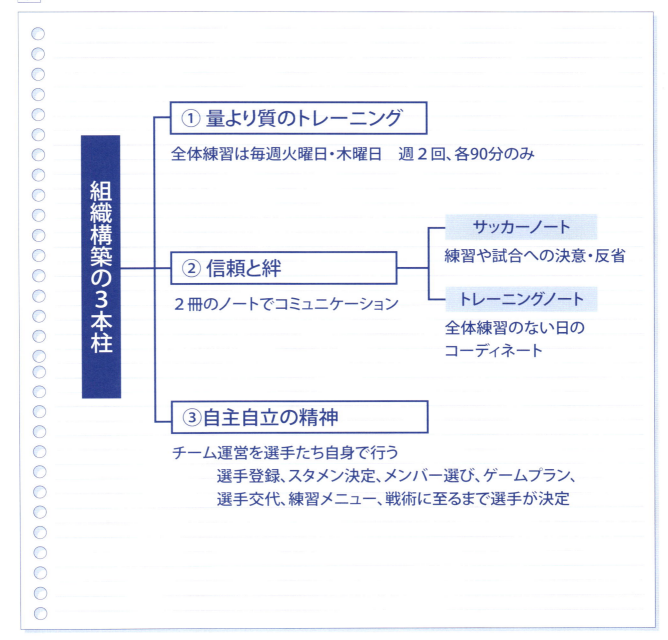

6 全員リーダー制

リーダーとしての責任感が選手を育て、自立したチームに

一人ひとりが役割を担い 責任感をもってリーダーを全う

自立型組織を目指した取り組みの一つが、「全員リーダー制」です。チームを7つのグループに分け、各グループでチーフリーダー1名を決めて、その他の全員も何らかのリーダーの役割を担うというものです。部員が100人いれば、100人全員それぞれが中心となって果たす仕事を担当します。

安芸南高校では、まずメンタルグループやフィジカルグループ、チームマネジメントグループなど7つのグループに分割。それぞれのグループの中で、話し合いながらさまざまな役割を決めていき、その役割ごとに1人ずつリーダーを決めます。例えば、チームマネジメントグループの中では、ユニフォームをとりまとめるユニフォームリーダー、ケガの応急処置に使うドクターバッグを管理するドクターバッグリーダー、試合で審判の構成を担当する審判リーダーなどが決められています。この取り組みは、「チームのために自分は何ができるか」を各自が考えて実行できるように、そして自分がチームにとって必要な存在であることを常に実感してもらえるようにと始めました。自立したチームや選手をつくろうとするならば、自立させるような仕組みを作っていけばおのずと自立していくものです。

リーダーもお互いに育て合い 個人の自立が組織の自立に

この仕組みの中でトライ&エラーを繰り返していくのですが、私たちは決して魔法使いではないので、これをしたからといって必ずしも全員が自立できるとは限りません。しかし、こうした仕掛けや仕組みづくりをして各選手に仕事を持たせ、それに向けて自分ができることを考えさせ、実行していくことは、一人ひとりに責任感を植えつけ、お互いの存在を大切にすることにつながります。しかも、このリーダーは全学年を通してのリーダーであるため、役割によっては1年生のリーダーが3年生を動かすこともあるのです。もちろん、リーダーが好き勝手にチームを動かすことのないよう、組織としてチェックする機能も持ち合わせ、チームとしても自立させていきます。一人ひとりの自立は組織の自立につながるため、まずは根本的に一人ひとりに仕事を任せていくのが全員リーダー制の目的です。また、一人のリーダーに対して他のリーダーがアドバイスや意見を言うなどして、リーダーのリーダーをつくることも組織づくりには大切なことでしょう。

こうして個々が自立し、チームが自立してくると、選手の行動が変わってきます。例えば、安芸南高校サッカー部メンタルグループの一員であるリラクゼーションリーダーは、リラクゼーションについて知識を深めたいと遠く東京や神奈川など首都圏まで主体的に足を運び、メンタル専門の先生から学んだことを持ち帰ってミーティングなどでチームに落とし込むまでになりました。成長途中の子どもたちというものは、自立し始めるとこのようにどんどん本気になり、誰かに言われなくても大人が驚くようなことまで自分からやるようになるのです。

6 全員リーダー制

リーダーとしての責任感が選手を育て、自立したチームに

監督
キャプテン
マネージャー
選手監督

メンタルグループ
◇メンタルGチーフリーダー
リラクゼーションリーダー
メイキングアップリーダー
３Dパーティーリーダー
MC.DVDリーダー

チームマネジメントグループ
◇チームマネジメントGチーフリーダー
ユニフォームリーダー
ドクターバッグリーダー
ハンドインリーダー
試合準備リーダー
ボトルリーダー
審判リーダー

タクティクスグループ
◇タクティクスGチーフリーダー
スカウティングリーダー
チームビルディングリーダー
マガジンチェックリーダー
ビデオ・カメラリーダー
TRメニューリーダー
ノートリーダー

フィジカルグループ
◇フィジカルGチーフリーダー
ヨガ―リーダー
トレーニングルームリーダー
ブラジル体操リーダー
コンディションリーダー
トレーナーリーダー
チューブリーダー

デイリーライフグループ
◇デイリーライフGチーフリーダー
挨拶リーダー
部屋リーダー
点呼リーダー

トレーニングインパイアラメントグループ
◇トレーニングインパイアラメントGチーフリーダー
ラインリーダー
水まき・スポンジリーダー
試合会議リーダー
メジャーリーダー
グランドリーダー
テントリーダー
椅子リーダー

スポーツイクウィップメントグループ
◇スポーツイクウィップメントGチーフリーダー
ボールリーダー
温度計・タイマーリーダー
マーカー・コーンリーダー
ミニハードルリーダー
ボード立てリーダー
ゴールリーダー
ビブスリーダー
ボードリーダー
ブラシリーダー
ペンリーダー

POINT

一人一役制　部員全員がリーダー
ボトムアップの自立型組織の軸になる。

7 ファシリテーション型リーダーシップ

知恵や意欲を主体的に引き出し、集団活動を円滑に進行

主体的に多様な人々と協働し物事を進める力が新時代を創造

「ファシリテーション」とは、会議やプロジェクトなどの集団活動がスムーズに進むよう、また成果が上がるよう支援することです。1970年代にアメリカでビジネスの分野に取り入れられ、日本では1990年代後半から注目されるようになりました。この背景には、問題解決や企画創造のためにメンバー相互のコミュニケーションが重視されるようになってきたこと、異なる立場や価値観に立つ人々をうまくまとめて業務を遂行する必要がでてきたことなどがあります。

　こうした集団活動において、中立的立場で黒子的役割を果たすのが「ファシリテーター」です。一般的なリーダーシップとは異なり、ボトムアップ理論におけるリーダー像とは、ファシリテーション型リーダーシップを発揮できる人。中立的立場から、メンバーの多様な知恵や情報、意欲を主体的に引き出し、各自に考えてもらい、自ら納得して行動してもらうよう方向づけながらチームを引っ張っていける人です。その育成哲学は、「人間力の育成」、「技術は人なり」という言葉にあります。

　昔から、学校であらゆる教科における評価の対象となってきたのは、知識、技術といった〝点数化できるもの〟であり、そこに人間性などまったく入る余地はありませんでした。現在では、少しずつ思考力や判断力なども加味して評価する方向に進みつつありますが、今後さらに期待されているのが主体性や多様性、協働性です。主体的に、多様な人たちと物事を進めていく力が高まっていけば、日本が変わるともいわれています。勉強のできる子がいればできない子もいるし、気の強い子がいれば優しい子もいます。最近になって、そうした多様な子たちが一緒になって協働していく態度を養っていこうと、新しく評価項目にも加えられるようになりました。

情報、知恵、専門的能力を引き出し最良の方法で組織を導く

　昔のリーダーは、部下に対して「やれ！」と命令するだけで、昭和～平成の時代は「俺についてこい！」という姿勢が目立ちました。しかし、今後リーダーに求められるのは、部下やメンバーに考えてもらいながら、自分でこうだと思う方向に導いていく姿勢であり、一緒になって進めていくことが肝心です。ファシリテーション型リーダーは、多くの情報や知恵、専門的な能力を引き出し、成果を最大化することが仕事。リーダーの質が、より高いレベルで求められるようになり、精神論や根性論を持ち出すようなリーダーは、現在では通用しません。これも、ボトムアップとトップダウンの違いといえるでしょう。

　トップダウンでは、リーダーが自分の重ねてきた経験をメンバーに伝えて同じようにさせようとしがちです。一方、ボトムアップでは、ファシリテーション型リーダーがあらゆる情報の中で今どうすべきかを考えて最良の方法を選択し、導いていきます。リーダー自身があらゆる情報と知恵、専門的な能力を持ちつつ、メンバーからもそれらを引き出すために言葉掛けなども大事になってくるでしょう。

7　ファシリテーション型リーダーシップ

知恵や意欲を主体的に引き出し、集団活動を円滑に進行

ファシリテーションとは

会議やプロジェクトなどの集団活動がスムーズに進むよう
また成果が上がるよう支援すること

ファシリテーターとは

中立的立場から、メンバーの多様な知恵や情報、
意欲を主体的に引き出し、各自に考えてもらい、
自ら納得して行動してもらうよう方向づけながら、チームを引っ張っていく人

ボトムアップ型リーダー	トップダウン型リーダー
・メンバーに考えてもらいながらチームの方向性を導く ・多くの情報や知恵、専門的な能力を引き出し、成果を最大化する	・自分の重ねてきた経験をメンバーに押しつけ命令 ・経験以上の拡大は期待できない

POINT

ボトムアップ型のリーダーは、ファシリテーター。
情報、知恵、専門的能力を引き出し最良の方法で組織を導く。

8 ミーティングのルール

多様な仲間が互いに尊重・切磋琢磨して素敵な組織に

意見の食い違いは多様性の表れ チームにとって大きな武器に

安芸南高校では、練習でも試合でも選手たちだけで徹底的にミーティングを行います。練習のときは、ところどころで時間を止め、練習の目的が達成できているか、良かった点や悪かった点など、意見を出しながら次の練習に向けた改善点や注意点を話し合います。ミーティングの進行役は、監督やコーチなど指導者ではなく、ファシリテーターの役割を果たすキャプテンです。試合のときは、15分間のハーフタイムにロッカールームで行い、試合前半の反省や、ゲームプランと照らし合わせての意見、後半に向けた修正点などを話し合います。試合中、失点した直後にグラウンド上で修正点を話し合うこともあります。

こうしたミーティングにおいて、時には意見の食い違いも起きますが、これを単なる食い違いととらえるのではなく、多様性の豊かさととらえれば、意見の相違もチームにとって大きな武器と考えることができます。自分と違う発想を持っている仲間は、自分の知らない新たな視点を教えてくれる、とても貴重な存在だと考えられるからです。

言いたいことが言える環境で お互いに高め合える組織を構築

ミーティングを行うにあたっては、最初に全員で確認しておくことがあります。それは、仲間に共感することと、言葉と行動の両面で全員が成長していこうということです。この2つの約束事を守った上でミーティングを進めていくことにし、チームの成長につながらないようなことは決してしないという認識を全員で共有しています。その一例が遅刻やいじめであり、発言の仕方も批判や攻撃、文句はダメで、提案やアドバイス、励まし、勇気づけは大いにしていこうという考えです。うまくできずに悩んでいる相手をいくら言葉で攻撃しても、その人が上達することはありません。それよりも、「こういうふうにしたらもう少し良くなるんじゃない？」などと具体的にアドバイスをしてあげる方が、よほど上達に近づくに決まっています。

その一方で、言葉の受け止め方においては、変なプライドに固執して仲間からの言葉を真摯に受け止めなかったり、自らを過小（あるいは過大）評価することなく、常に感謝とありがとうの気持ちで共感しながら人の話を聞こうとする姿勢を徹底することにしています。互いに高め合い、磨き合い、切磋琢磨することが、素敵な組織に近づく第一歩なのだという意識を選手全員で共有し、ミーティングにおいてアンタッチャブルな存在をつくらないということにも気をつけるべきでしょう。言いたいことがミーティングの場で言えないとなると、陰で言うようになってしまい、意見が正しく伝わらなかったり、誤解を招いてしまうことにもつながりかねません。

仲間との信頼関係を深め、前向きになれることも、時には耳の痛いことも、お互いに何でも言い合える環境をつくっていくことが、強い絆で結ばれた健全な組織づくりにつながっていくのではないでしょうか。

8 ミーティングのルール

多様な仲間が互いに尊重・切磋琢磨して素敵な組織に

ミーティングで最初に確認しておくこと

約束事
- ①仲間に共感する
- ②言葉と行動の両面で全員が成長

方　法
- ③提案、アドバイス、励まし、勇気づけで伝える
- ④常に感謝とありがとうの気持ちで共感して人の話を聞く
- ⑤アンタッチャブルな存在をつくらない

POINT

言いたいことが言える環境で
お互いに高め合える組織を構築する。

9 ボトムアップミーティング

相手チームによる客観的評価をレベルアップに役立てる

試合とミーティングを繰り返し 両チーム選手主体で意見を交換

ボトムアップ理論の実践において、私たちは「M―T―M方式」を採用しています。これは、「マッチ・トレーニング・マッチ」、つまり、「試合・練習・試合」の繰り返しのことで、同様に行っているのが「試合・ミーティング・試合」の繰り返しです。ミーティングは「頭の中でのトレーニング」と言い換えても良いかもしれません。

試合前のチームミーティングでは、ファシリテーター役の選手が中心となって攻撃や守備における自分たちの今日の目標を立て、作戦ボードに攻撃や守備のテーマを記入します。そしてゲームに入り、前半が終わったら再びチームミーティングを行います。ここでは前半戦を振り返り、後半戦に向けた修正点などを話し合います。その次に行うのが合同ボトムアップミーティング。これは、相手チームが前半戦をどう見たのかを知るために行うものです。いわば、将棋でいう感想戦のようなもので、試合を開始から終了までおさらいしていくのです。相手チームから、「あのときのディフェンスは悪かった。もっとこうしたらいいと思う」などの意見をたくさんもらい、もう一度チームミーティングをして相手の意見も参考にしながら後半戦での目標を立てていくのです。そして後半戦を行い、終わったら再びチームミーティング・合同ボトムアップミーティング・チームミーティングというのを一つの形としています。

最後のチームミーティングでは、次の試合の目標やテーマを掲げて終了となるのですが、これを監督やコーチなど指導者が掲げて終わってしまうことが往々にしてあります。選手たちがボトムアップ的にミーティングを進め、全体を少し離れたところから観守るのが指導者の役割。指導者はいわばGM的な立場で全体をコーディネートするのが仕事です。

プレーヤーズファーストで 選手の能力を最大限引き出す

チームミーティングはどの学校でも行っていますが、合同ボトムアップミーティングを行っている学校はまだかなり少ないのではないでしょうか。ライバル同士のチームが、合同ボトムアップミーティングを通じて自分たちの戦評を対戦相手にしてもらい、自チームの評価を客観的に検証してもらえるのはとても有意義なことです。時には敵対心をもって戦う相手であっても、合同ボトムアップミーティングでは悪意なく指摘し合い尊重し、お互いに一層のレベルアップを図ることを目指します。

ボトムアップ理論では、主役は常に選手たち。選手が主体となって個や組織を作り上げていく「プレーヤーズファースト」をコンセプトに、いかに選手たちの芽を摘み取ることなく、持っている能力を最大限に引き出すサポートをしながら育成していくかが大切になります。総じて今の選手たちは、自分たちで苦難に立ち向かい、たくましく道を切り開いていく能力を持っています。決して、選手たちの創造、判断、実行の自由を指導者が奪うようなことがあってはいけません。

9　ボトムアップミーティング

相手チームによる客観的評価をレベルアップに役立てる

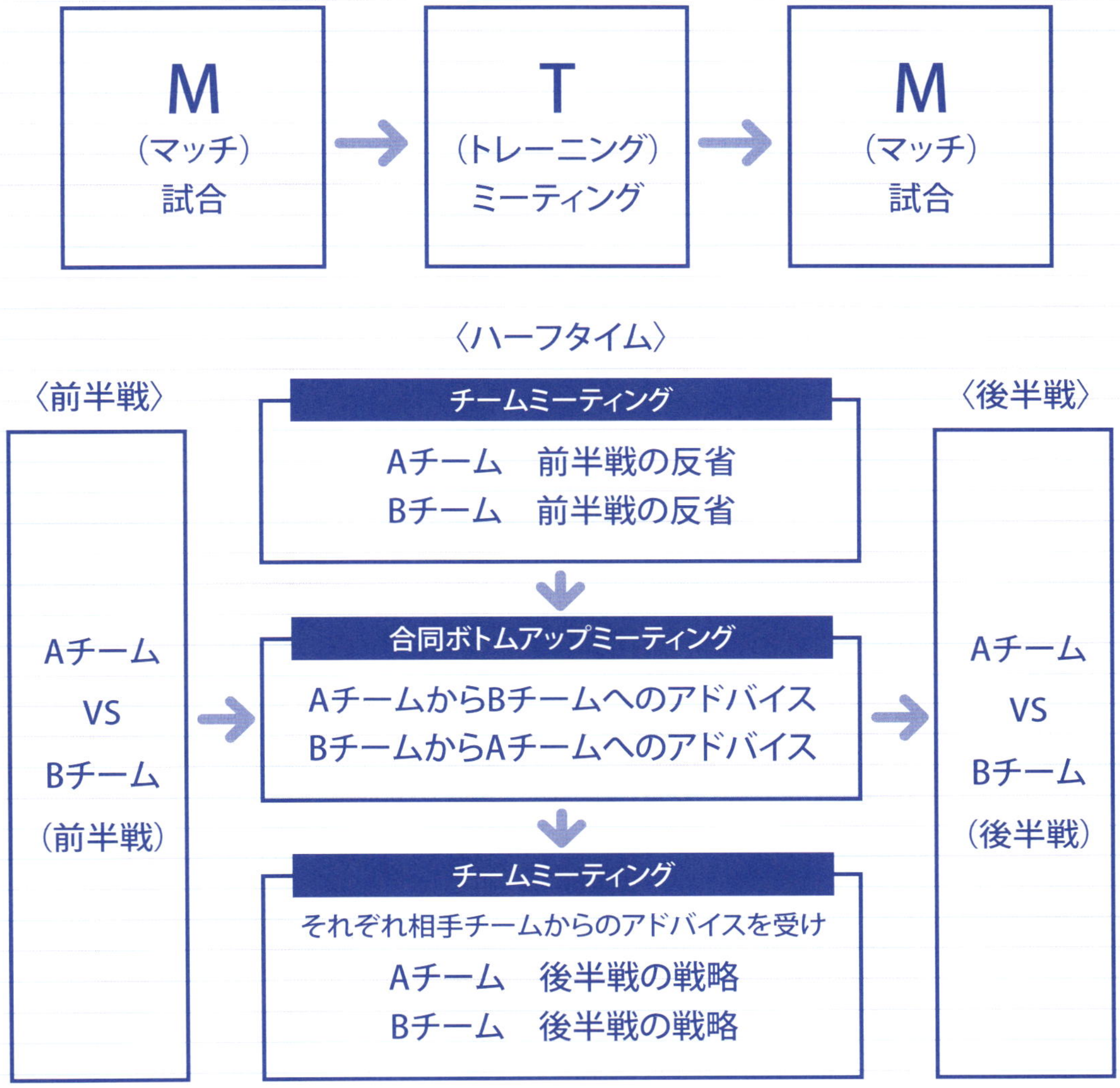

POINT

合同ボトムアップミーティングでは、
悪意なく指摘し合い尊重し、お互いに一層の
レベルアップを図ることを目指す。

10

脈拍トレーニング

「試合時の脈拍数を維持しながら質を追求しリアリティーある練習を」

試合と同様の練習環境で工夫・実践して真の実力を養う

限られた時間を有効に使うため、練習には試合中に近い緊張感や集中力が必要です。試合と同じ状況の中で練習して身に付いた力でなければ、いくら練習でうまくできたからといっても本番の試合で発揮することはできません。そこで、選手たちが集中して緊張感を持ちながら、試合に則したリアリティーのある練習環境を提供するために採用しているのが「脈拍トレーニング」です。

高校生が行うサッカーの場合、試合中の１分間の平均脈拍は、上が１６０、下が１４０といわれています。これを基準値に設定し、１４０から１６０の脈拍の中でトレーニングを行うようにするのです。15分練習して休憩し、休憩中に各自で手首や首の動脈に指を当てて脈拍を計測。自分の脈拍を認識しながらトレーニングをするという形式で6セット行います。１００の脈拍で行う練習の中で、いくら良いプレーができたとしてもあまり意味がありません。１４０から１６０という脈拍は、肩が上下するほど呼吸が荒くなっている状態です。そのようなリアリティーのある状態でシュート練習やパス練習などを行ってこそ、質の高い練習ができるといえるのです。

練習中の脈拍が基準値を下回っていれば、もっと活発に動き回って脈拍を上げてプレーしなければなりません。そうすると、脈拍を上げるにはどうすれば良いのかを選手が考え始めます。並んで待っている時間中も、脈拍が落ちないようにその場でフットワークを続けたり、シュート後に元の場所へ戻るのにダッシュで帰るなど、一人ひとりが練習の中で組み立てを工夫するようになります。指導者が「こうしなさい」と具体的に指示するのではなく、「脈を落とさないためにどうすればいいか」と選手一人ひとりが考え、工夫して実践するところに最大の意味があるのです。

脈拍トレーニングを通じて主体的に行動できる人づくりを

私は、広島観音高校や安芸南高校において、試合中の一般的な脈拍の基準値からさらに20上げ、１６０から１８０の脈拍でトレーニングをすることにしました。同世代で世界大会レベルの選手は試合中の脈拍がこのくらいだというデータがあったからです。練習の強度を少し上げてフィジカルの力を高めることで、技術や戦術におけるさらに質の高い練習を求めました。このトレーニングができるからこそ、週2回の短い練習時間でも効率的な練習を可能にしているのです。

これからの時代は、社会に出てから自ら主体的に動くことができなければ、生き抜いていくことが難しくなると考えられます。人に言われて動くことしかできなければ、ＡＩやコンピューターに仕事を取って代わられるかもしれません。自分から積極的に行動していろいろな発見をしたり、多種多様な人と協働していくことができる人づくりは、これからの社会で大いに必要とされるでしょう。ボトムアップ理論の実践は、そうした人づくりにも大いに貢献できるものと確信しています。

10 脈拍トレーニング

試合時の脈拍数を維持しながら質を追求しリアリティーある練習を

高校生のサッカー試合時の平均脈拍数	140〜160／1分間
安芸南高校のサッカー部	160〜180／1分間

15分間の練習 →

休憩脈拍計測
脈拍が100の場合
↓
もっと活発に動き
脈拍を上げる
プレーに取り組む

→ 15分間の練習 →

休憩脈拍計測
脈拍が170にアップ
↓
このペースを
維持するよう
取り組む

→ 15分間の練習

※技術、戦術的な質を求めながら試合に則した形で脈拍を追求する

POINT

フィジカルの力を高め、技術や戦術における
さらに質の高い練習に取り組む。
週2回の短い練習で合理的、効率的に。

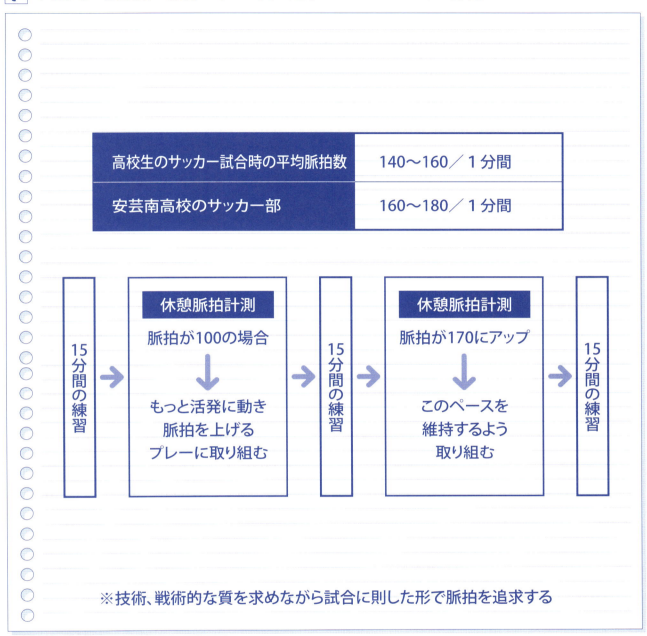

11 試合で見られる選手の変化に気づくポイント

深い洞察力で選手を観守り、タイミングを逃さずサポート

観察に徹し、瞬間を見極めて適切なサポートが選手を育てる

ボトムアップ理論の実践において、私が指導者として一番大事にしているのが、「観察力」「洞察力」「観(み)守る力」です。花の水やりに例えれば、種をまき、水をやり、芽が出て育っていく過程で、水をやりすぎても足りなくても花は枯れてしまいます。しっかり観察し、タイミングを見計らって水をやらなければ、花を咲かせることはできません。

人財育成や組織づくりにおいても同じことがいえます。トップダウン的に「○○しなさい」と指示するのではなく、各自に任せて考えさせ、指導者は選手や組織をまずは観守ります。自力で頑張っているときは共に喜び、壁にぶつかったときはすぐに手を差し伸べるのではなく少し間を持つことが大切です。

試合中の選手に対しても、せっかく選手がやる気になって自分の判断で動き出そうとしているのに、指導者がその瞬間を見極めることができず、「今やりなさい」と指示・命令するようでは、選手の判断力も行動力も失わせてしまいます。「こうやればうまくいくよ」と最初から答えを言ってしまえば、創造力も育ちません。観守り、観察に徹すれば選手の変化に気づくことができ、適切なタイミングでサポートすることができます。

選手たちが自分たちで判断し、行動し、仲間と一緒になって試合を創造することができれば、教えられてできるよりもはるかに喜びは大きくなります。「自分たちでできるんだ」という自信が生まれ、試合の勝ち負けよりもプロセスを大切にするようになっていきます。

勝ちよりも負けから学ぶグッドルーザー的思考の大切さ

人は、勝っているときよりも負けたときにその真価が問われるものです。私たちはよく「グッドルーザー(潔い敗者)」という言葉を使います。試合で負けて悔しいと、相手チームと試合直後の握手をしなかったり、悪口を言ったりしてしまいがちですが、グッドルーザーは負けたときこそ敬意を忘れず、「ありがとう。今日は戦えて良かった」と相手チームに対して言えるものなのです。このように相手に対して言えるような姿勢がスポーツの世界にしっかり根付けば、昨今のようなアマチュアスポーツの不祥事が起きることはないでしょう。このグッドルーザー的な考え方は、世界ではスタンダードであり、日本は圧倒的に遅れています。「勝てば100点、負ければ0点」、「1位以外は意味がない」という考えでは、「勝つことがすべて」になり、実に生きづらい世の中になってしまいます。もちろん、勝つことが悪いのではなく、「勝つことは大事。でも、負けから学ぶことも大事」なのです。しかし、それよりも大事なのが人づくりでしょう。倫理観や道徳心をもった人間の育成を目的とするボトムアップ理論は、スポーツに限らずあらゆる分野に応用できます。「何のためにボトムアップ理論を実践するのか」と言われれば、答えは「試合に勝つため」だけではなく「素敵な人になるため」です。素敵な人になれれば世の中で必要とされる幸せな人生を送ることができると信じているからです。

11 試合で見られる選手の変化に気づくポイント

深い洞察力で選手を観守り、タイミングを逃さずサポート

指導者として大事にしていること

① 観察力
② 洞察力
③ 観（み）守る力

グッドルーザー（潔い敗者）

負けたときこそ、敬意を忘れず「ありがとう」の気持ち。

POINT

何のためにボトムアップ理論を実践するのか？
答えは「試合に勝つため」だけではなく「素敵な人になるため」。そして世の中で必要とされる人生を送ることができる。

12 ホスピタリティ力

ピッチ外での配慮や工夫が試合中の判断力や行動力を磨く

お出迎えから理論の説明まで部員全員が自ら考えて行動

ボトムアップ理論を実践している安芸南高校サッカー部には、年間約1000人の方々が見学・研修に来られます。このお客様を部員たち自らがおもてなしをすることによって、自分の心を磨いていったり、いろいろなことに気づいたりする力を養います。これが「ホスピタリティ力」です。正門でのお出迎えから誘導、そして実践しているボトムアップ理論を自分たちの言葉で伝えていくのです。

まずはお客様に、ボトムアップ理論の原点である部室を見ていただきます。サッカー部だけでなく、安芸南高校全体がボトムアップ化しているため、学校の全23クラブの部室の写真や、お互いの良いところを書いたカードを入れる「いいね！BOX」(P82参照)など具体的な取り組みについて説明。その後、お客様をグラウンドに誘導し、ボトムアップ的なクラブ運営やマネジメントの仕方を見ていただきます。そして、お客様がお帰りになる際には最後のお見送りまでしっかり行います。チームのために何ができるかを考えるのは、選手だけでなくマネージャーも同じなので、例えばコーヒーを出すのもお客様が来られてからおよそ3分以内を目安にしています。

ホスピタリティ力の向上が試合中のプレーの質を高める

こうしたホスピタリティ力を養うのは、「オフ・ザ・ピッチでの質がオン・ザ・ピッチに生きる」という考え方に基づいているからです。相手をしっかり理解しながら自分の心からの思いを動きの中で表現しようと、トライ&エラーを繰り返していけば、おもてなし力や受容力、理解力は自然と高まっていきます。これがホスピタリティ力の向上につながり、さり気ない細やかな配慮が自然とできるようになっていくのです。以前、部員たちがお客様に喜んでもらうためにどうすれば良いかを考えた末、学校名やチーム名の文字の形に靴を並べ、大いに喜んでいただいたことがありました。こうしたピッチ外での配慮や工夫ができるようになれば、試合中でも的確な判断や行動ができ、質の高いプレーにつながると考えているのです。

かつて、部員全員で宮島に行き、「今日は3時間ほどここでホスピタリティ力を発揮してみよう」というチャレンジをしたことがありました。すると、ゴミ拾いをしたり、外国人観光客の方の撮影をしてあげたりと、一人ひとりが自ら考えてホスピタリティ力を発揮した行動を取っていたのです。こうしたトレーニングを重ねていかないと、ホスピタリティ力は一朝一夕に身に付くものではありません。ホスピタリティ力の向上で、毎週月曜日の朝に提出するサッカーノートはポジション別に重ねて置くようにしたり、卒業式の準備で700席の椅子を並べるのもあっという間に整然と行うなど、部員たちはマニュアルがなくてもホスピタリティ力を発揮して考え、行動するようになりました。

心からの能動的な雰囲気が常に醸し出され、良い準備ができていれば、おのずと良い結果を生むことにつながるのです。

12 ホスピタリティ力

ピッチ外での配慮や工夫が試合中の判断力や行動力を磨く

安芸南高校サッカー部には、年間約1000人が見学・研修

↓

お迎えからボトムアップ理論の説明まで、
部員全員が自ら考え行動（ホスピタリティ力の育成）

［ホスピタリティのプロセス］

正門でのお出迎え

↓

部室の見学

↓

学校の全23クラブの部室の写真
「いいね！BOX」など取り組みの説明

↓

グラウンドに誘導

↓

クラブ運営やマネジメントの仕方を見学

↓

正門までお見送り

※約90分～120分のプログラム

POINT

オフ・ザ・ピッチでの質が
オン・ザ・ピッチに生きる。

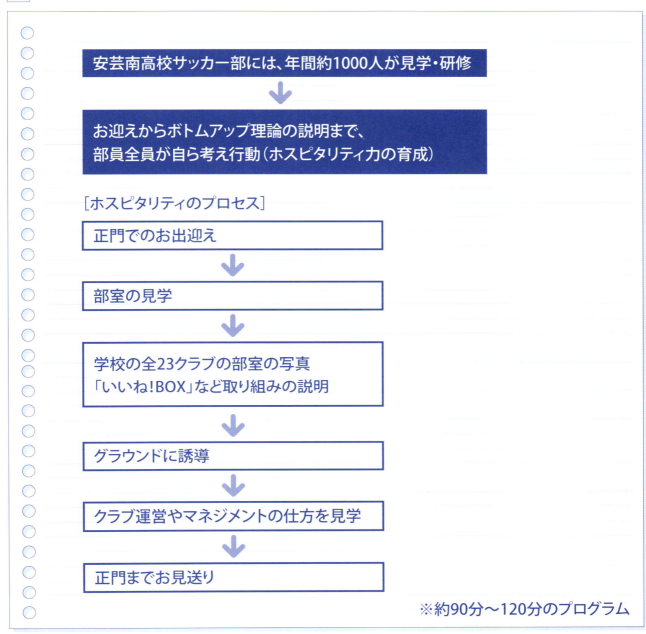

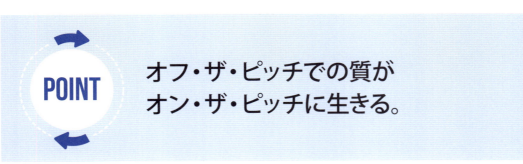

ボトムアップ理論® 基礎編の まとめ

1 上意下達のトップダウンと自発性を促すボトムアップ

指導者の主導で物事を決め、指示・命令で選手を従わせるトップダウンに対し、選手による意見を吸い上げて合意形成のもとに意思決定がなされるのがボトムアップ。選手個々の力や現場力を高めるボトムアップは、自ら考えて積極的に、行動する自発性を促す効果が期待できる。

2 すべて選手が主役！　ボトムアップの3大原則

「選手育成の基本となる3本柱」「組織構築の3本柱」「全員リーダー制」がボトムアップの３大原則。挨拶や返事、整理・整頓・掃除（3S活動）など凡事徹底を図り、組織構築は自主自立の精神をもって選手主導で実行。全員が責任感を持って任務を全うする全員リーダー制も必須。

3 良い習慣づけで成長させる、選手育成の３本柱

「挨拶」「返事」「整理・整頓・掃除（3S活動）」という良い習慣を徹底して身に付け、選手の成長を促す。挨拶はコミュニケーションの第一歩。相手の目を見て心からすること。「いいえ、分かりません」と言える環境づくりが大切。身の回りをきれいにする整理・整頓・掃除（3S活動）で心も磨こう。

4 自主自立の精神と絆を深める組織構築の３本柱

「量より質のトレーニング」を積みながら「信頼と絆」を深め、「自主自立の精神」を養うことで強くたくましい組織を構築。効率の良い練習を選手自ら考え、２種類のノート活用で信頼と絆を強固に。チーム運営も選手たち自身が責任を持って行う自立型組織を目指す。

5 ファシリテーション型リーダーシップで組織を牽引

中立的立場からメンバーが持つ知恵や情報、意欲を主体的に引き出しながら、各自に考えてもらい、納得して行動してもらうよう方向づける役割を果たすのがボトムアップ理論におけるリーダー像。命令するのではなく一緒になって考え、組織を導いていく力が必要。

第2章

ボトムアップ理論®
実践編

13 アサーション

互いに調和し、思いを伝えるアサーションで未来を拓く

尊重や歩み寄りで柔軟に対応 アサーションで自己表現

自分も相手も大切にする、気持ちの良い自己表現を「アサーション」といいます。ボトムアップには合意形成と共同理解が不可欠で、自分の思いを言葉でしっかり伝えることができないとミーティングもうまくいきません。人への対応の仕方には、「アサーティブ」「攻撃的」「非主張的」の3つがあり、一番望ましいのが、「私もOK、あなたもOK」という対応のアサーティブ。自他共に尊重し、柔軟な対応や歩み寄り、自他調和といった姿勢です。

例えば、長い行列の途中に誰かが割り込んできた場合、攻撃的な対応だと、「私はOK、あなたはOKではない」という自分本位で他者否定的な意識から、「どうして割り込むのか。後ろに並べよ」などと相手に命令するような対応になります。非主張的な対応の場合は、「私はOKでない、あなたはOK」という他人本位の意識なので、割り込みをそのまま黙認するのが典型的な対応です。しかし、黙認するだけで自分の意見は主張しないため、フラストレーションだけが溜まっていきます。その点、アサーティブなら「すみません、皆さん並んでいるので後ろに並んでもらえませんか？　何か早く行かなければならない理由がありますか？」と、相手の気持ちも聞く姿勢を見せて歩み寄ることができます。こうした対応の仕方は、今からの時代でも大切になっていくと思いますが、これもトレーニングしなければなかなか上達しません。練習中に順番抜かししたチームメイトに対して、家庭なら食事の準備を手伝わずテレビを見ているお父さんに対して、などあらゆる場面を想定し、お互いに調和できる対応の仕方を考えるトレーニングを重ねていけば、アサーティブな対応も上達していきます。

アサーションが生む可能性が チームや会社の雰囲気を変える

ボトムアップに必要な自己表現ですが、アサーション以外で行うとうっかりトラブルを招いてしまうことも。攻撃的な自己表現は、相手の気持ちや意見を受け止めず、自己表現が「強がり」となって自分の本意とずれる場合があります。自分の意見を通しても後味の悪さが残り、相手には不満や怒りの気持ちが残って、人間関係が破綻することもあります。非主張的な自己表現の場合は、対等でオープンな人間関係をつくることが難しく、劣等感や卑屈な気持ちが残ったり、相手を恨んだり恐れる心も生まれかねません。自分の気持ちが相手に伝わらず、不快感や不満感が心身に悪影響を及ぼし、必要な情報が共有されず失敗の原因になってしまうこともあります。

その点、アサーションには多くのメリットがあります。お互いに素直な気持ちや意見を表現し、違う意見を知ることで自分の可能性が広がります。意見が異なっても双方が納得できる結論あるいは一人で考えたとき以上の良い結論が見つかり、お互いの深い理解に基づく人間関係が生まれます。アサーションによって自分も他人も理解し、新しい可能性を生み出すことで、チームや会社の雰囲気が良い方向に変わっていくことも期待できるのです。

13 アサーション

互いに調和し、思いを伝えるアサーション

人への対応の仕方

- **アサーティブ**
  私もOK、あなたもOK（自他共に尊重）
- **攻撃的対応**
  私はOK、あなたはOKでない（自分本位、他人否定）
- **非主張的対応**
  私はOKでない、あなたはOK（他人本位）

［事例］長い行列の途中に誰かが割り込んできた場合

行列に誰かが割り込み

- **アサーティブ**
  「すみません、皆さん並んでいるので、後ろに並んでもらえませんか？」
- **攻撃的対応**
  「どうして割り込むのか。後ろに並べよ」
- **非主張的対応**
  割り込みをそのまま黙認する

POINT

アサーションによって自分も他人も理解し、
新しい可能性を生み出すことで
チームの雰囲気が良い方向に変わっていく。

14 靴ならべ、荷物整理の意味

日常生活を律することで心を整え、良い結果を生む

荷物を整え、心を整えることは油断も隙もないプレーにつながる

一見、サッカーとは無関係と思えるような「整理・整頓・掃除」からなる３Ｓ活動を通して良い生活習慣を続けていくようにしているのは、サッカーが日常生活を含むすべての中でうまくなるものだと考えているからです。これはサッカー部という小さな社会でも、学校という大きな社会でも理論は同じで、今や３Ｓ活動は安芸南高校全体で取り組んでいます。行事においても３Ｓ活動が行き届いていて、その行事自体も素敵なものになります。大きな理論には人を変化させる力があるのです。

私は、「一隅を照らす」という言葉を好んでよく使うのですが、これはトイレ掃除やゴミ拾い、床磨きなど、どんなに小さく些細なことであっても、ひるまず素直に謙虚に与えられた仕事に立ち向かうことの大切さを訴える言葉です。一隅を照らすことができない人は、何も照らすことなどできません。簡単に言えば、小さなことができないのに大きなことなどできはしないということです。

試合前も、荷物を整えることで頭も心も整理され、試合でも良いスタートが切れることにつながっていきます。気配り、目配り、心配りで心を整えることが、試合の良い準備になるのです。整理整頓をすると心のコンディションも良くなり、イライラして感情的になったり、キレやすくなる状況に陥ることも減ります。「神は細部に宿る」という言葉があるように、日常生活の中で挨拶や整理整頓、服装の乱れもなくするよう心がけることで心の隙を排除することが、試合で平常心を保ち、油断のないプレーにつながるのです。サッカーの試合で、ラスト10秒で得点されて逆転負けということがありますが、これを練習で改善することは困難です。しかし、日常生活を改善することで、残り５秒10秒でも最後まで油断なく試合を終えることは可能でしょう。

コスト削減から人間力育成まで企業にも効果をもたらす３Ｓ活動

３Ｓ活動は、企業にもさまざまな効果を生み出しています。３Ｓ活動に取り組む中で、無駄を発見して削除したり、効率良く仕事ができるような仕組み作りをしたり、職場の環境を整備して異常を発見しやすくするといった行動につながっていきます。部下の教育や指導にも積極的に取り組むようになるでしょう。こうした３Ｓ活動による直接的効果としては、在庫の削減や段取り時間の短縮、機械の汚れや故障の防止、コストの削減、納期厳守、安全確保などが期待できます。一方で、間接的効果もあって、社員の責任感が向上したり、社員の人間力育成や、組織推進力を高めることなどが挙げられます。企業の方からは、「直接的な効果がないと導入しにくい」と言われることがあり、間接的効果についてはなかなか理解してもらえないことがあります。３Ｓ活動の取り組みも、目に見える結果に直結しないのでは企業として困るということなのでしょう。確かに、間接的効果は目に見えにくいものです。しかし、直接的効果と共に追求していかなければ、３Ｓ活動の効果は薄いものになってしまうのです。

14 靴ならべ、荷物整理の意味

日常生活を律することで心を整え、良い結果を生む

3S活動
- **整理** 気配り、目配り、心配りで心を整える
- **整頓** 心のコンディションを整える
- **掃除**

「一隅を照らす」⇒ トイレ掃除やゴミ拾い、床磨きなど、
どんなに小さく些細なことも、ひるまず
素直に謙虚に与えられた仕事に立ち向かう

企業における3S活動の効果

直接的効果	間接的効果
・在庫の削減や段取り時間の短縮	・社員の責任感向上
・機械の汚れや故障の防止	・社員の人間力育成
・コストの削減	・組織推進力の向上
・納期厳守、安全確保	

POINT

サッカーはサッカーだけでうまくなるのではなく
日常生活を含むすべての中でうまくなる。

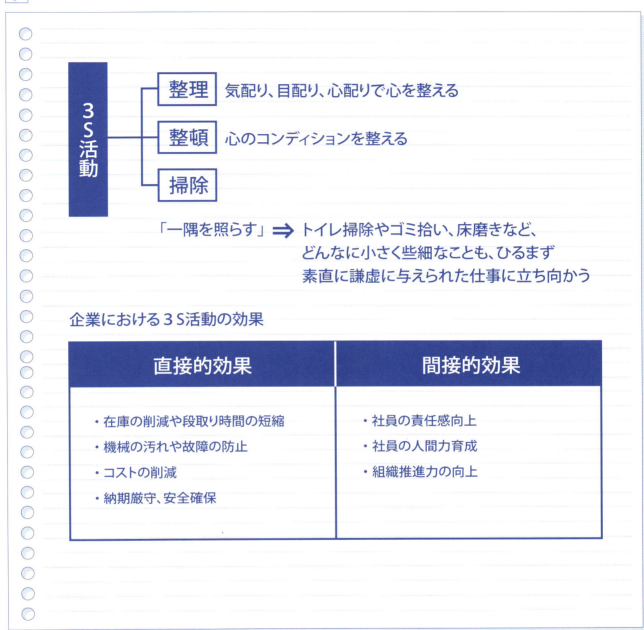

15 量より質のトレーニング

週2回のチーム全体練習で全国大会優勝に

休むことがモチベーションアップにつながる

前章で組織構築の3本柱の一つとして、量より質のトレーニングを挙げました。全体練習を毎週火曜日と木曜日の週2回各90分とし、練習日と練習時間を短くすることで、休養時間を十分に確保し、疲労も回復できるのでケガ人が減少。選手たちは良いコンディションを維持することができるので、より多くのチャレンジをすることも可能になります。1週間で2日しかない練習日を最大限に生かそうと、選手たちは非常に高いモチベーションで練習に臨み、面白さをより感じることができます。

そして、量より質のトレーニングの一番のメリットは、選手たちに常に考え、問題を解決しようとする力が身に付くようになることです。

限られた練習日の中で、毎日練習するチームに勝つためには、漫然と練習をするのではなく、本質を突いた意図がある練習をしなければなりません。しかし、ボトムアップ理論を実践している限り、どんな練習をすれば良いのかを監督やコーチなど指導者が具体的に教えることはありません。練習内容までも選手たち自身で常に考えながら練習するのです。練習日が少ないからこそ、合理的、効率的に自分たちの力を高めるにはどうしたら良いかを考えるわけです。

練習に対してこうした取り組みを行っている選手たちですから、雨が降って練習が中止になっても喜ぶようなことはまずありません。「せっかくの全体練習が中止になった。それなら今日はこういう練習をしよう」と、選手一人ひとりが考えて時間を有効に活用するはずです。

選手自ら考えて積極的に行動することで良い結果につながる

このような練習を実践し始めたのは、私が広島観音高校に赴任してからでした。当初はなかなか結果が出ず、「やはり練習量が足りないのではないか」「選手たちに任せていてはダメなのでは？」などと言われたこともありました。しかし、ボトムアップがうまく機能し始め、選手たちが自発的にチーム運営を進めた結果、全国大会で優勝することができたのです。こうした成功例があると、ボトムアップ理論を導入する勇気にもつながるのではないでしょうか。

昨今、ビジネスの現場では働き方改革への取り組みがなされていますが、「量より質」の考え方は職場における時間の使い方においても通じるものだと思います。限られた時間の中で高い集中力と意欲をもって仕事に取り組むことで、効率的な働き方ができるようになるでしょう。

短い時間だからこそ、質にこだわり集中して取り組むことが組織としても大変有効で、生産性を上げることにつながります。労働時間を短くしたことで思考に余裕が生まれ、リラックスした時間で良いプランが浮かび、生産性の向上につながり、さらに疲労も軽減されることで、ミスや事故も少なくなっていくのではと考えます。

15 量より質のトレーニング

週２回のチーム全体練習で全国大会優勝に

安芸南高校サッカー部の１週間

月	火	水	木	金	土	日
OFF	練習（90分）	OFF	練習（90分）	OFF	試合	試合

量より質のトレーニングのメリット

休養時間を十分確保 ⇒ 疲労回復が十分、ケガ人減少
良いコンディションを維持

週２日90分の時短練習 ⇒ 高いモチベーションで練習に臨む

「考える」「工夫する」癖がつく ⇒ どんな場面でも自分で考え解決する

POINT

選手たちが練習をしたいという思いを自発的に芽生えさせ、高い集中力と意欲を上げる。

16 コミュニケーションツール

親子のコミュニケーションにも役立つ2種類のノート

ピッチ内外での振り返りと悩みや本音を綴るノートで会話

チームの結束に必要な「信頼と絆」を深めようと、私はコミュニケーションツールとして「サッカーノート」と「トレーニングノート」という2種類のノートを使っています。

サッカーノートは、土日に行った試合について自分で振り返るためのもので、「戦術」「技術」「体力」「コンディショニング」「フェアプレー」「運」という6つのポイントに分けて振り返るようにしています。「戦術」「技術」「体力」については「オン・ザ・ピッチ」、つまりピッチ内でしか改善できないことで、「コンディショニング」「フェアプレー」「運」は、「オフ・ザ・ピッチ」、つまりピッチ外でないと備えることができないものです。

大抵の人は、「戦術がうまくはまらなかった」「あのパスが通らなかったから得点に結びつかなかった」など、ピッチ内でのことは反省するものです。しかし、「今日は風邪をひいていた」「今日は熱があった」など、ピッチ外に理由があって戦術や技術がうまく発揮されなかった場合、コンディションを整えられなかったことに対する反省をすることはなかなかありません。人を大切にする心、思いやりやリスペクトといったフェアプレー精神も、これがなければ試合は成り立たないものです。「運」に関しては、整理整頓や掃除がきっちりできていたかどうか振り返り、できていれば普段入らないようなシュートが入ったかもしれないというような形につなげていきます。

一方のトレーニングノートは、交換日記のような役割を果たすもので、コミュニケーションノートとも呼んでいます。練習のない日の過ごし方をどうコーディネートするか書いてもらう他、自主トレの内容や勉強、悩んでいることなどサッカー以外のことも含めて本音で話せるツールとして活用しています。

親子の関係性を深めるノートは子どもの自立心を促すツール

この2種類のノートは、家庭内でのコミュニケーションツールとして活用することもできます。例えば、子どもが習い事をしていればそれについてやり取りするのがサッカーノートにあたります。コミュニケーションノートは、学校でのことや日常生活の何気ないことなどを日記のように言葉にして、親子で交換ノートとして活用します。2種類のノートの役割を1冊にまとめて書いても良いでしょう。

気をつけたいのは、「なぜこんなことしか書けないの?」といったような、否定的な言葉は絶対に書かないことです。「何か他にもなかったかな」などと呼び掛けるようにして、子どもに考えさせてから書きたくなるように導くことが大切です。考えることで自分と向き合い、振り返ることを繰り返していく過程で、子どもの中には自立心が芽生えていきます。

このノートの良いところは、なかなか口に出して言えないことがあっても、これに書いて伝えることができることです。親が忙しく、子どもとの時間を十分に確保できないときも、このノートを通じて親子の関係性を深めることができるツールなのです。

16 コミュニケーションツール

信頼と絆を深める2冊のノート

(事例)トレーニングノート(コミュニケーションノート)

No.
DATE 5・23(水)

5 6 7 8 9 10 11 12 13 14 15 16 17 18 19 20 21 22 23 24 1

睡眠	朝食・身支度	登校	朝練	授業	自主練	下校	夕食・お風呂	勉強	睡眠

16：00〜18：00 自主練
21：00〜23：00 勉強 物理・英語中心に

〈自主練メニュー〉
・ベンチプレス
25kg×20回 3セット
・腹筋
50回 3セット
・体幹
標準メニューで

〈最近の出来事〉
1学期中間試験の結果が返ってきました。
今回の結果には満足していません。
特に物理では、ミスが多くありました。
勉強量が足りてないから
ミスが増えたと反省しています。
次のテストでは、失敗しないように
問題を解く回数を増やします。
サッカーでも、ミスが減らせるように
練習をたくさんやっていきます。

(事例)サッカーノート

No.
DATE 8・21(火)

アドバンスリーグ1部 安芸南 VS 広島西

安芸南 VS 広島西
前半 1−0
後半 0−0
1−0 勝ち

〈交代〉
山田 ⇒ 増谷
岩見 ⇒ 吉井
田中 ⇒ 玉野

〈良かった点〉
・コンディション良好、ケガもなしで万全
・得点シーンのダイレクトプレーやプレスがテンポの良く効果的だったと思う
・自分のマークは相手に仕事させなかった

〈悪かった点〉
・DFラインの上げ下げが遅かった
・相手FWの動きにつけず裏を取られることが何度かあった
・GKとセンターバックのコミュニケーション不足だった

POINT

ピッチ内外での振り返りと
悩みや本音を綴るノートでコミュニケーション。

17 自主自立の精神

徹底的なミーティングで身に付ける「新3種の神器」

自分たちで〝創る〟からこそ自立型の精神あふれるチームに

全員が主役の自立型組織にしていくためには、チームの一人ひとりが自ら考えて行動できるようにしていく必要があります。

一般的には、監督など指導者が前に立ち、「こういう戦術で、選手はこのメンバーを使ってプレーしよう」というスタンスを取るチームが多いのですが、これだと選手は「やらされている」という他者本位の感覚になってしまいます。こうなると、試合に負けたときに、「戦術も選手も、先生が決めたじゃないですか」などと言って他人のせいにしてしまうことにもなりかねません。逆に、自分たちで考えてメンバーや練習メニュー、ゲームプランなどを決めて戦った場合は、もし負けたとしても自分たちで振り返って考えることができ、その反省を次に生かすことができます。決して他人のせいにすることはしないでしょう。

大切なのは、「自分たちでチーム（組織）を創っている」という気持ちです。「作る」ではなく「創る」というところに意味があります。プラモデルなどのように、作る物や作り方が決まっている場合は「作る」ですが、「創る」は、作る物も作り方も決まっていない白紙状態からのスタートになります。チームでいえば、指導者につくってもらうのではなく、選手が自分たちで毎年新たな角度からいろいろなアプローチをしながら、さまざまなプロセスを経てチームの形をつくっていきます。この過程が自立型の精神を育てることにつながるのです。こうすることによって、いろいろな課題が発見でき、改善していけるようになることで、現場での対応力も付いていきます。

考え、話し、書く、聞く力を高めて問題解決能力をチームで向上

自立型組織のチーム力を高めるにあたって大切にしているのは、徹底的なミーティングを通して、「考える（教えない）」「話す」「書く」という「新3種の神器」ともいうべき力を身に付けることです。今までに経験したことがないような問題にぶつかったとき、それを解決するためには、理論的に考えて解決策を見出し、第三者を説得させるために必要なのが「考える力」です。指導者がすぐに解決策を教えるのではなく、自分で考え抜いた末に答えを導き出す力を身に付けさせることが大切です。また、自分で導き出した解決策を、みんなに伝えて説得するためには、自分の言葉で話す力と書く力が必要になります。

例えば、社内の他の部署と合意形成を図りながらプロジェクトを進めるケースでも同じことがいえます。プロジェクト上の問題が出たときに、考えの異なる人にも納得してもらえるような解決策を考え、話したり書いたりして相手を説得することが求められるからです。

大学の入学試験でも、今までは問題を解くことしか求められていませんでしたが、2020年からは従来のセンター試験に代わって、書く・話す・聞く・工夫するといった力が求められるようになり、総合的な力を試す試験になっていくようです。そうしたこともあって、今後求められる力を身に付けるためにも、このアプローチは有効だと考えています。

17 自主自立の精神

自分たちで“創る”からこそ自立型の精神あふれるチームに

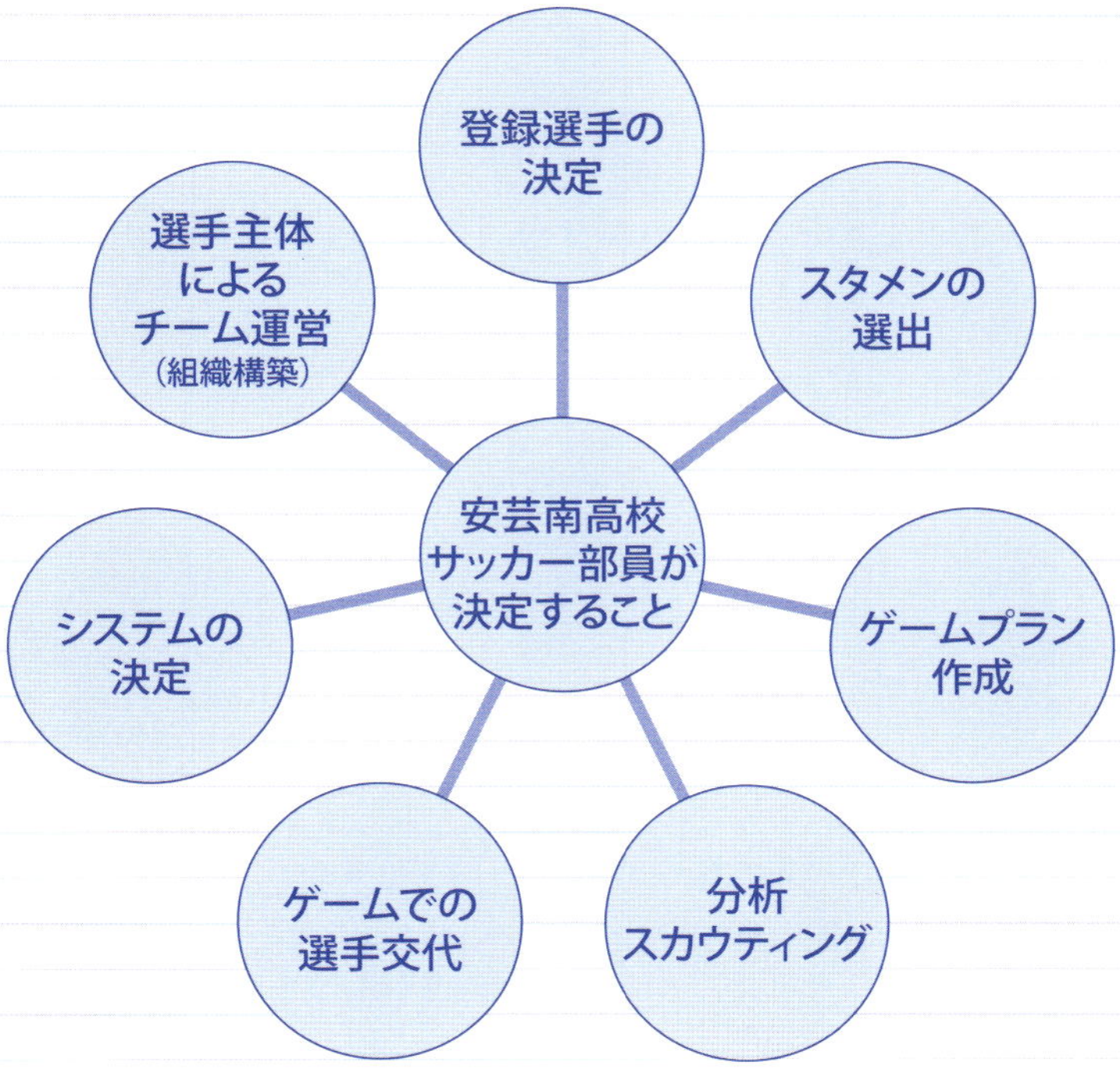

新３種の神器（自立型組織のチーム力を高めるポイント）

① 考える（教えない） ⇒ 問題解決のため理論的に考え
第三者を説得させるために必要な考える力

② 話す ⇒ 自分の言葉で話す力

③ 書く ⇒ 自分の言葉で書く力（可視化する）

POINT

大切なのは、「自分たちでチームを創っている」という気持ち。「作る」ではなく、「創る」。

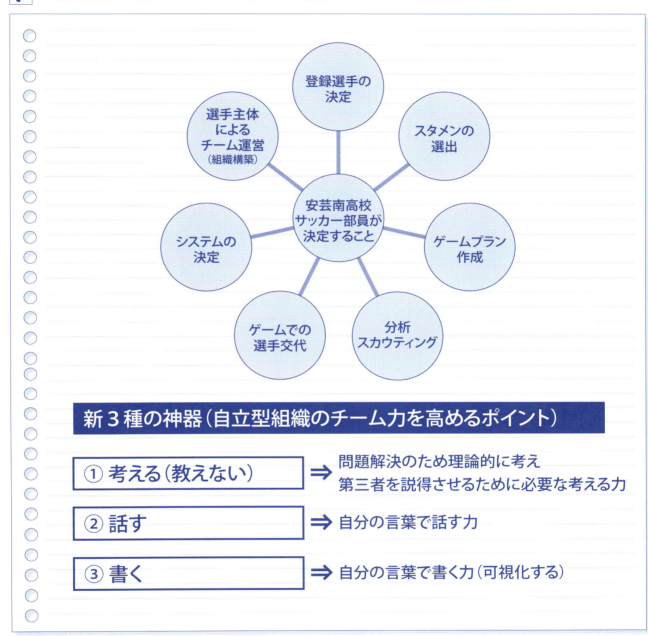

18 スタメン選考の基準

「スタメンは社会性を筆頭に5つの基準で選手が選抜」

スタメン選考は選手自ら実行 巧い人よりも社会性を優先

選手登録や試合のスターティングメンバー(スタメン)を選ぶのは、たいていの場合監督やコーチなどの指導者です。しかし、ボトムアップ理論において、これらを決めるのはすべて選手たち。キャプテンを中心にみんなで話し合って決めますが、単純にサッカーが巧い者がスタメンになれるわけではありません。そこには基準があり、基準の中でも優先順位があります。最も優先されるのが社会性です。次いで賢さ、巧さ、強さ、速さという順番になっています。

具体的にいえば、社会性は遅刻をしてこないことだったり、部活動以外の学校生活も規律正しく送ることであり、道徳心や倫理観が求められます。賢さは、ミーティングのときに黙っていることなく、より良いチームづくりに貢献できること。「こうしたらうまくいく」「こうやれば勝てる」といった具合に、積極的に建設的な意見を言える力です。巧さは、技術や知識を備え、戦術面などでの理論的なことも理解できる力を備えていること。強さはフィジカル的に優れていることで、速さは文字通りの意味です。

いくらプレーの技術が高くてサッカーが巧くても、社会性に欠けていればスタメンに選ばれることはありません。練習をサボりがちな部員が試合に出て勝てたとしても、他の部員に不満が多く生まれてくるからです。

一般的な学校だと、優先順位の一位は巧さになることが多いでしょう。しかし、選手たちには将来、社会に出ても倫理観をもって積極的に動き、さまざまなことに立ち向かっていってもらいたいという思いがあり、私は社会性を最も重視しています。しかし、これは私だけで決めたのではなく、広島観音高校のときに選手たちと話し合って決めたものです。こうしてスタメンを決定し、選手たちが決めた戦術で試合に臨みます。すべてを自分たちで決めているため、負けても結果を素直に受け止め、うまくいかなかった原因や次の試合に向けての課題を話し合う過程で人間力がさらに高まっていきます。

もちろん、最終的に責任を負うのは監督である私です。その覚悟をもって選手たちに全権を預けているのです。

目標達成に向けた組織構築にも 社会性優先の人財選びは有効

これは企業で働く場合にも同じことがいえるでしょう。例えば営業成績がいくら良くても、部下に対する言葉が乱暴だったり、挨拶や返事がきちんとできないような人が、上からの指示で部署のリーダーに据えられたところで、業績が上がるとは思えません。部下の反発を招いたり、職場の雰囲気が悪くなるなど、むしろ悪影響の方が大きいでしょう。全員が一丸となり、目標達成に向かって努力するような職場にするには、まずは社会性豊かであり、その次に仕事ができる人という順位で人財を配置した方が、一緒に働く社員からのコンセンサスも得やすいと思います。社員同士で話し合ってリーダーを決めるのも良いでしょう。

18 スタメン選考の基準

スタメン選考は選手自ら実行　巧い人よりも社会性を優先

スタメン選考の基準

- ①社会性 ⇒ 遅刻をしない、部活動以外の学校生活も規律正しく
- ②賢　さ ⇒ ミーティングのとき、より良いチームづくりに貢献
- ③巧　さ ⇒ 技術や知識を備え、戦術などの理解力がある
- ④強　さ ⇒ フィジカル的に優れている
- ⑤速　さ ⇒ 何事にもスピーディーな取り組み

いくらプレーの技術が高くてサッカーが巧くても、
社会性に欠けていればスタメンに選ばれることはない！

POINT

目標達成に向けた組織構築にも
社会性優先の人財選びは有効。

19 人間力の向上は、「抽象」から「具体化」

個々の力に頼るより組織全体の協働で生産力を向上

〝全体最適〟から〝部分最適〟へ 視点の展開が目標達成への近道

〝マネジメントの父〟と呼ばれるP・F・ドラッカー氏の有名な言葉に、「いかに優れた部分最適も、全体最適には勝てない」というものがあります。部分最適とは、自分が属する部署の中だけで成果を上げることを考え、実際それなりに成果が上がっていることをいいます。一方、全体最適は、会社など組織全体で利益を上げることを考え、部署の垣根を超えて協力しあいながら働くことができている状態のことです。つまり、各部署に能力の高い個人を集めるよりも、部署を問わず組織全体で良いチームワークが取れている方が、生産性が上がるということを意味しています。

ただし、部分最適がまったくダメなわけではありません。最初に全体最適を図り、それから部分最適へと展開していくことが、目標達成への近道ではないかと考えられるのです。会社でもサッカーでも、まずは組織全体としての目標を設定し、それに対して各部署や個人が、その目標を達成するために貢献するにはどうすべきかを考えて実行するという方法が望ましいのではないでしょうか。

マクロの視点で全体を俯瞰し ミクロの視点で個々の質を向上

これは、仕事の進め方の基本とされる「PDCA（P56参照）」のサイクルにおいても、視点をマクロからミクロへ展開することの重要性としてよく挙げられることでもあります。全体像や概要を俯瞰してとらえるマクロ視点から見渡すことで、目標と現状の間にある差を把握し、目標を達成するためにはどのような過程が必要かを考えます。それを踏まえて、部分・詳細・個別などミクロ視点から見て足りないものを補うべく、個々の質を高めることで、目標達成への歩みを着実に進めていくのです。もし、ミクロ視点で行き詰まってしまったら、視点をマクロに変えてみると現状打破へのヒントが浮かぶこともあるでしょう。

サッカーでいえば、戦術が全体最適であり、攻撃や守備、メンタルなどが部分最適にあたります。試合をするにあたり、まず「相手チームとどう戦うか」という戦術がないままに攻撃や守備はできないし、どんな気持ちで挑めば良いのかも明確にすることができません。私たちのサッカー部の練習では、全体最適と部分最適を理解しやすいよう、ホワイトボードを使っています。戦術を実行するために、必要なメンタル（追求、闘争心、平常心など）、攻撃面と守備面それぞれで必要なプレーなどを書き、練習後すぐにその一つ一つについて検証しています。黒字で計画、赤字で評価（チェック）、青字で改善を書き入れることで分かりやすく可視化し、部員みんなで共有します。

この検証を重ねていきながら部分最適を図り、選手たちのプレーの質を高めることができるようになったら、戦術も着実に実行することができるようになるでしょう。それが、試合での勝利という目標達成につながっていくのです。

19　人間力の向上は、「抽象」から「具体化」

個々の力に頼るより組織全体の協働で生産力を向上

マネジメントの父　P・F・ドラッカーの言葉

「いかに優れた部分最適も、全体最適には勝てない」

部分最適

自分が属する部署の中だけで成果を上げる

⇔ 相互視点

全体最適

組織全体で利益を上げることを考え、部署の垣根を越えて協働

⇓

部署を問わず組織全体でチームワークが取れている

⇓

生産性向上

マクロ視点 ⇒ 課　題 ⇐ ミクロ視点

⇓

目標達成

POINT

マクロの視点で全体を俯瞰し
ミクロの視点で個々の質を向上。

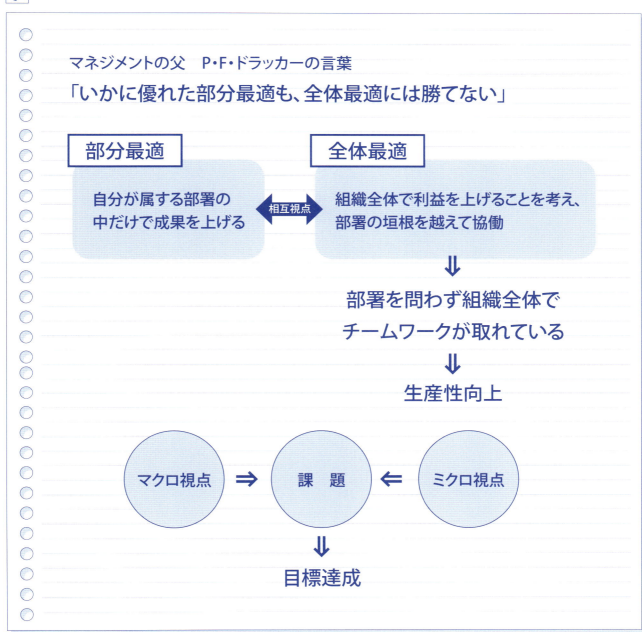

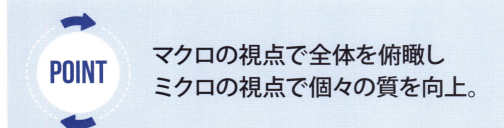

20 複雑性の縮減

複雑すぎる関係を最小限に集約して情報を隅々まで

情報を組織全体に行き渡らせる「複雑性の縮減」のメリット

1つの組織がA、B、Cの3人で構成されている場合、お互いを結ぶ関係は三角形のように、AとB、BとC、CとAの3本です。5人になると、AとB・C・D・E、BとA・C・D・E…という具合に、五角形の中に星形を描いたような形になり、関係は10本になります。そして10人になると、十角形の中に網を張り巡らせたような形になり、関係は45本になります。

ところが、これが100人ともなると、関係は実に4950本にまで激増。あまりに複雑すぎる関係になり、組織における情報のやり取りもうまくいかなくなってしまいます。例えるなら、血液がドロドロの状態のために流れが滞ってしまっていることに似ています。これがサラサラと流れていくようになれば、情報が全員にうまく行き渡り、組織として正しく機能していくはずです。

そこで、この100人を10人ずつの10チームに分け、各チームに1人ずつリーダーをつくります。すると、1チーム45本の関係が10チームできることになり、合計450本の関係となります。これにリーダー10人同士をつなぐ45本の関係を加えて、最終的には495本の関係に集約することができます。

つまり、1人のリーダーが100人に指示をすると情報伝達網は4950本になるところを、チーム化してそれぞれリーダーを置くことで495本の関係にすることができ、結局当初の10分の1の情報網だけで情報がうまく流れるということになるのです。これが「複雑性の縮減」です。

働きかけにすぐ反応できる〝打てば響く組織〟が生き残る

会社でいえば、トップである社長が、各部署のリーダーに情報や指示命令を伝達すれば、少ない情報網で社員全員に確実に行き届かせることができるということです。まさに、サラサラ状態の血液のように、情報がうまく隅々まで伝わっていくわけです。実は人と人との「間」が大切なのです。

私は当初、部員たちに「携帯電話を学校に持ってこないようにしよう」と言ったことがありました。しかし、その3分後にはある1人の部員が正門付近で携帯電話を使っているような状態がありました。60人の部員たちに対する情報の伝達がまったくうまくいっていなかったのです。

その後、リーダーを作り1人が10人に伝達するようにして6人のリーダーで10人ずつ60人に、6人が60人に伝えるようにしたところ、ようやくうまく情報が伝わるようになりました。

このように、情報がスムーズに流れるようになれば、何か働きかけがあるとすぐに反応できる、いわば〝打てば響く組織〟になることができます。これからの時代、企業が生き残っていくために必要な要素ともいえるでしょう。

20 複雑性の縮減

複雑すぎる関係を最小限に集約化

複雑性の縮減

3人の組織（3本）　5人の組織（10本）　10人の組織（45本）

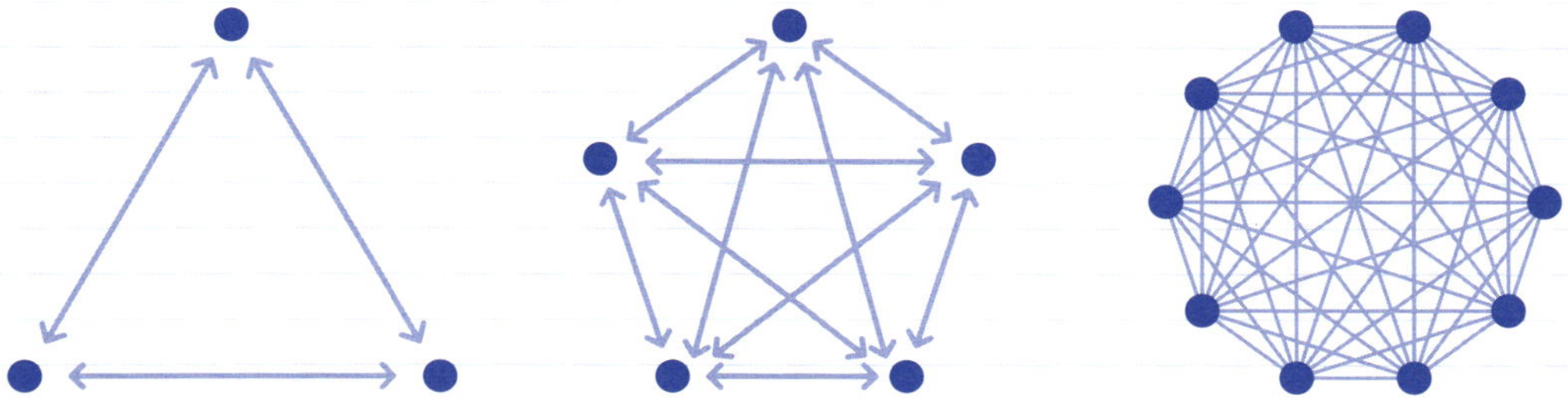

100人の組織 ⟹ 100人を10人ずつのチームに分ける

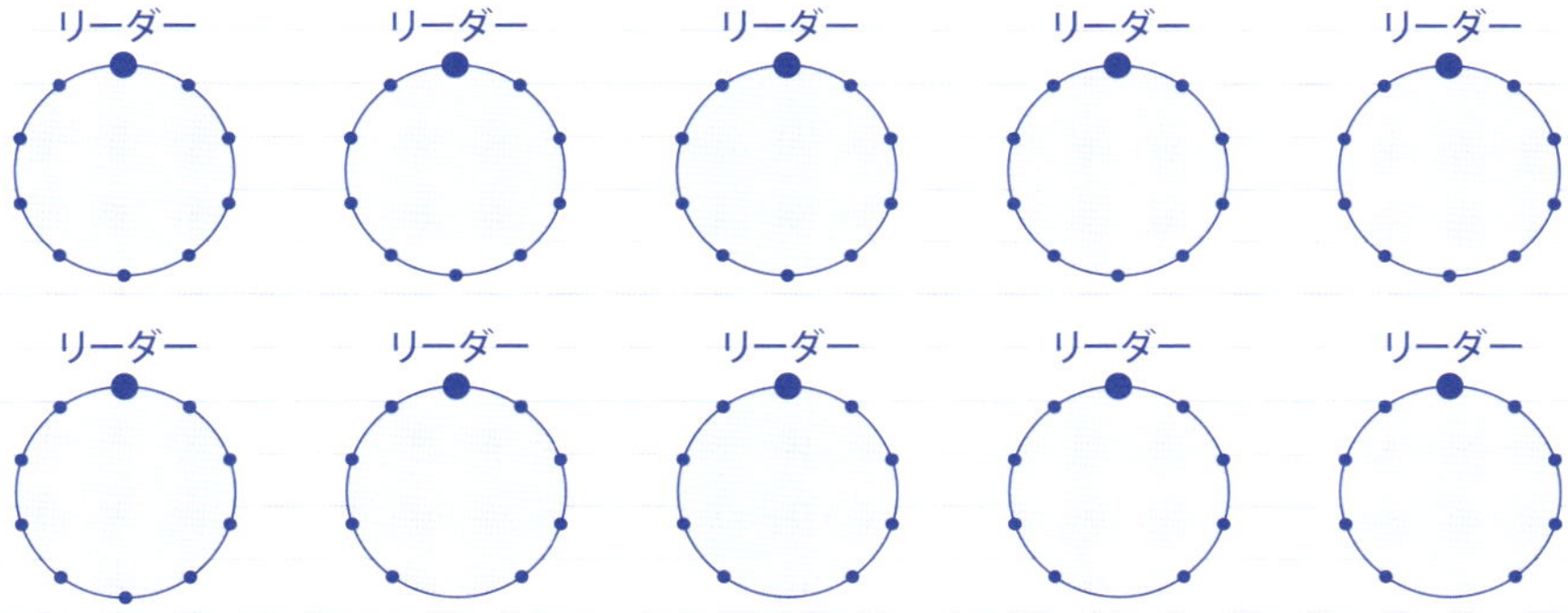

1人のリーダーが100人に指示をすると情報伝達網は4950本になる

1チーム　45本の組織×10チーム＝450本
10人のリーダーをつなぐ関係＝45本
100人がバラバラだと4950本の組織をチーム化することで495本（450本＋45本）にできる

POINT

働きかけにすぐ反応できる
“打てば響く組織”が生き残る。

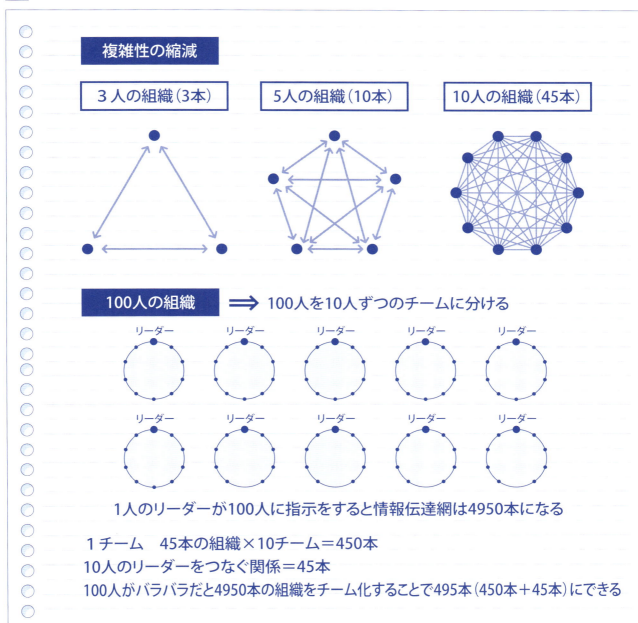

21

自立までの5段階

マズローの欲求5段階説をモチベーションアップに活用

5段階の欲求を徐々に満たして成長欲求につなげるアプローチ

モチベーション向上の法則で有名なのが、「マズローの教え」として世界的にも広く知られている「欲求5段階説」です。これは、人間の欲求を5段階のピラミッド型で表し、一番下の「生理的欲求」から1つずつクリアしていかなければ、一番上の成長欲求である「自己実現の欲求」までたどり着くことができないというものです。生理的欲求が満たされれば安全の欲求が芽生え、安全の欲求が満たされると、所属と愛の欲求が芽生える…という具合に欲求の段階が上がっていきます。

「生理的欲求」は、食べたいときに食べる、寝たいときに寝るなど、生きていくための基本的・本能的欲求であり、その上段の「安全の欲求」と合わせて「物質的欲求」に分類されるものです。飢えや渇きなど生命維持が危うくなることがなく、戦争もなく命が危険にさらされることのない日本においては、ほとんどの人がこの物質的欲求を満たしている状態といえるでしょう。

この物質的欲求よりも上は、「精神的欲求」に分類されます。「所属と愛の欲求」は「社会的欲求」とも呼ばれ、自分の居場所、つまり会社や家庭でのポジションを確保したい、孤独な状態を避けたいなどの欲求です。これが満たされると、さらに上段の「承認の欲求」を満たしたいと思うようになります。他者から認められたい、尊敬されたいなどの欲求のことですが、承認の欲求にも2段階があり、それが「自己承認」と「他者承認」です。

自己承認は、自分がもつ強さや自信などを自分で認め、自分のことを好きであると感じる心。進んで勉強や練習をして自分自身への信頼を高めることで、承認の欲求は満たすことができます。一方の他者承認は、他人を認めることへの欲求ですが、人間は、自己承認ができなければ他者承認までたどり着くことは難しいといわれています。なぜなら、自分のことが好きになれないのに、相手のことを認めるのは難しいからです。

生理的欲求から承認の欲求までは、「自分に欠乏しているため、外部から得て満たそうとする欲求」であり、「欠乏欲求」といわれます。

自己実現の欲求の芽生えがモチベーションや自立心を向上

この欠乏欲求がすべて満たされたときに芽生えるのが「自己実現の欲求」です。他者や外部への依存がなくなり、欠乏欲求は「成長欲求」というさらに高いステージへと転じていきます。物質的・精神的に満たされたほど、自分自身が成長したいという欲求が増し、他者や所属する組織に目を向けて、自分がそこに貢献したいと考えるようになるのです。会社で仕事上の経験を積み、自他ともに認める実績を上げられるようになったとき、「よし、この会社のために何かやってやろう！」という気持ちになって、会社のために貢献しようと努力するのは自己実現の欲求の表れです。

私はこのマズローの説の精神的欲求の部分を選手たちのモチベーションアップや自立心の向上に活用。一定の効果を得ることができたと感じています。

21 自立までの５段階

マズローの欲求５段階説をモチベーションアップに活用

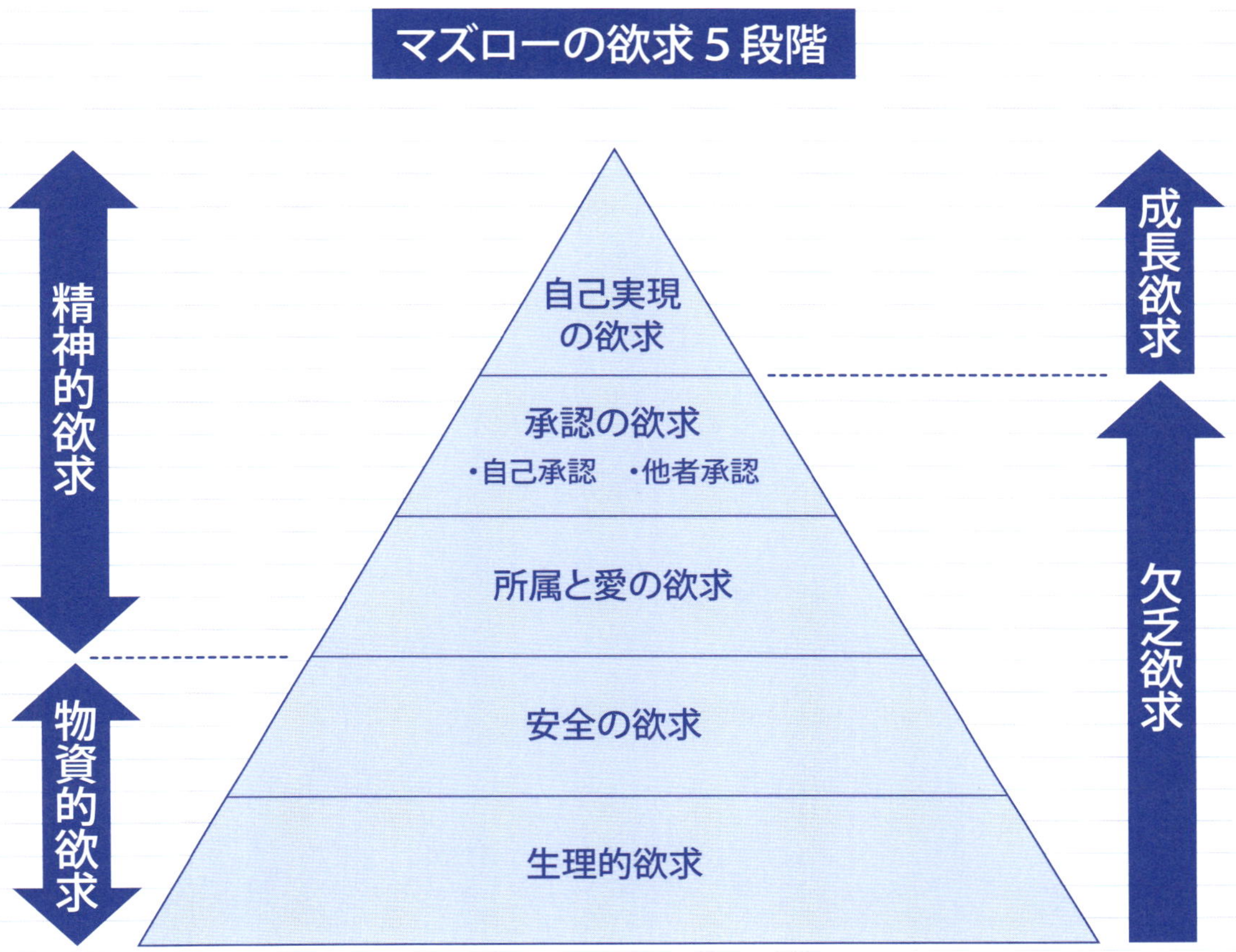

POINT

自己実現の欲求と芽生えが
モチベーションや自立心を向上させる。

22 PDCAを個人・組織で、またDCAPで回す

計画・仮説→実行→評価→改善の迅速な継続で時代の変化に対応

PDCAサイクルを繰り返して問題を改善・検証できる組織に

仕事の進め方を表すビジネス用語として広く使われている「PDCA」。PはPlan（計画・仮説）、DはDo（実行）、CはCheck（評価）、AはAction（改善）です。このPDCAサイクルを個人的または組織的に、瞬時に回していくことで仕事を進めるのですが、大事なのは「高度化」です。PDCAを回すことは簡単でも、いかに高い質で速く回し、個人と組織を高度化できるかが一番大事なのです。職場によっては、例えばクレーマーの電話対応など、5秒10秒で回さなければならない局面も考えられ、瞬時に対応できるトレーニングをしていかなければなりません。

私たちも、試合前にゲームプランを立て（P）、試合前半（D）の後のハーフタイムで気づきを出し合い（C）、改善案を出す（A）という形を取っています。CとAは10分という短時間で試合後半の戦略を立てるまで行わなければいけないため、迅速さが求められます。

強い会社は、PDCAを回す中で「観察→仮説→検証」の繰り返しが確立されています。常に観察して問題に気づき、問題を改善するための計画（仮説）を立て、実行後にすぐ検証してうまくいったことといかなかったことを洗い出します。こうして、時代の変化に常に対応できる組織だけが生き残っていけるのであり、1年後、3年後、5年後と先を見据えながらPDCAを回していくのです。

検証においては、例えばうまくいかなかったことを問う場合、私は「〝なぜ〟を5回繰り返す」ということをよく行います。「なぜシュートをミスしたの？」「ボールをよく見ていませんでした」「なぜボールを見ていなかったの？」「ボールに集中していませんでした」……という具合に繰り返していくと、その原因が部活動でなく日常生活に及ぶこともあります。5回が4回でもいいのですが、このように本質を突いていくことが大事なのです。複数回問いかけることで、最後にどうしたら良いか自分で改善案を見出すようになっていきます。

新規事業はDCAPで回して計画の精度を徐々に高める

さらに、「このチームはPDCAの何が得意で何が不得意なのか」を前もって分かっておくことが大切です。「計画の段階からダメ」、「計画は立てて実行まではできるがチェックが甘い」、「チェックまではできても改善が苦手」などの分析も必要です。その上でPDCAのどこに問題があるのかを把握し、改善しなければ、PDCA自体をやらなかったのと同じことになってしまいます。

しかし、新規事業など未経験のことに関しては、「DCAP」サイクルで回す必要があります。未経験の仕事の計画を正確に立てることは難しく、計画の精度を上げるよりも最初から実行に移す方が現実的です。まずは計画を立て、実践していく中で考えながら少しずつ方向性を調整していきます。この場合の計画は20～30％程度で良いとされ、DCAPを回していきながらサイクルが一巡するごとに、少しずつ計画の精度を高めていくのです。

22 PDCA を個人・組織で、また DCAP で回す

計画→実行→評価→改善の迅速な継続で時代の変化に対応

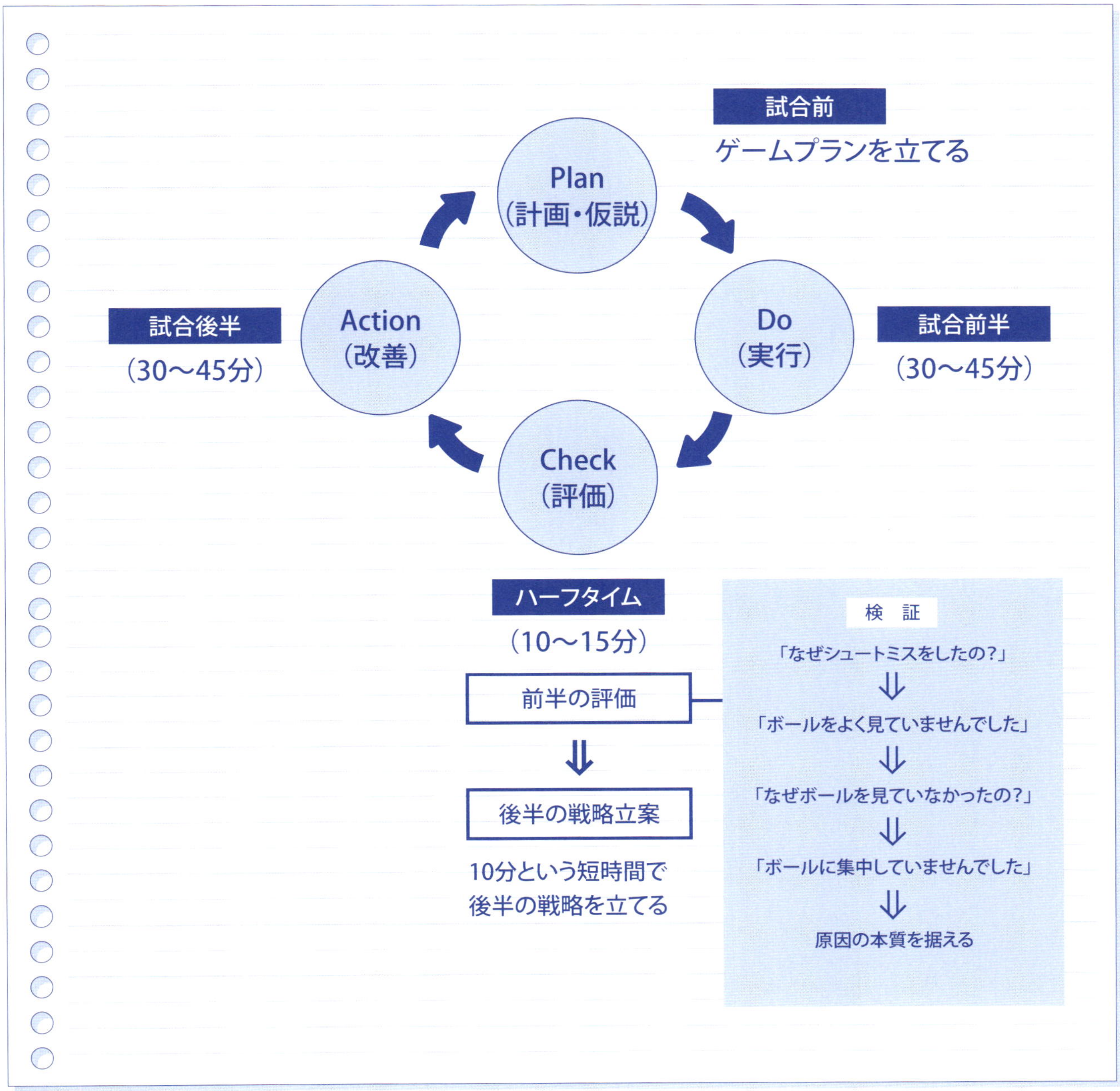

POINT

PDCAを回すことは簡単でも、
いかに高い質で素早く回し、
個人と組織を「高度化」できるかが大事。

23 「PDCAをボトムアップ的に回す ボトムアップ的にPDCAを回してこそ組織の力が強固に」

真の意味でのPDCAに必要なコミュニケーションの進化

PDCAを回すには、組織内での円滑なコミュニケーションが必要です。そこで重要なのがミーティングですが、会社であれば全社員で行うのが最も望ましく、半期に1回1時間行うよりも、毎月1回10分を6回行う方が円滑なコミュニケーションを図るのに効果的です。そして、ミーティングでは情報だけでなく感情までもしっかりとやり取りすることが大切といえます。

隠し事があっては、PDCAを回していっても組織の絆は強くなりません。しかし社員は、「プライベートに介入されたくない」と思う一方で、「もっと社員を大切にしてほしい」「もっと自分のことを分かってほしい」という思いもあり、ここで矛盾が起こります。そんなときに社長やリーダーは、社員の状況や、社員が何に悩んでいるのかを知らなければ社員を本当に大事にすることはできません。よって、ある程度お互いのプライベートな部分をオープンにしていきながら、対話力やコミュニケーション力を発揮してうまくPDCAを回していくことが大切です。それができなければ、形式を導入してもうわべだけのものになってしまい、本当の意味でのPDCAはうまくいきません。一人ひとりと分かり合うためには、前述したコミュニケーションノートなどのツールの活用も有効といえます。

組織に足りない力を自覚してPDCAを回すのは現場の人間

組織がうまく機能していくために必要な力として考えられるのが、「知識」「思考力（想像力）」「協力」「行動力」「リーダーシップ」「コミュニケーション」「仲の良さ」「柔軟性」「判断力」という9つの構成要素です。図のように、各項目について「十分に力がある（☆）」「ある程度力がある（○）」「力が足りない（△）」などと記号で表すことで、自分たちに何が足りないのかを分析し、PDCAを回すのに生かしていきます。この9つの力が身に付き、しっかり発揮できるようになれば、組織としてうまく機能していくと考えています。私たちのサッカー部にもPDCA係がいて、ミーティングでこの図を見ながら「今日のゲームは何がうまくいかなかったのか」を全員で話し合うようにしています。「試合中のコミュニケーションが全然うまく取れていなかったね」「1回決めた戦術で最後まで戦うとしても、あの場面で少し変化を加えていく柔軟性があれば勝てていたかも」といった具合です。

最終的には、PDCAも自分たちで「創る」ことが大切なのです。監督がPDCAを回すのではあまり意味がありません。選手たちが自らボトムアップ的にPDCAを回すことによって、ゲームの中での構成力、自分に与えられた仕事を果たす責任感、チームに貢献する喜びなどを身に付けていきます。会社なら社長やリーダーでなく、現場の社員がしっかりとボトムアップ的にPDCAを回していかないと、トップダウン的なPDCAになってしまいます。通常のPDCAと違う点は、まさしくここにあるのです。

23　PDCA をボトムアップ的に回す

組織に足りない力を自覚して PDCA を回すのは現場の人間

組織がうまく機能するため必要な力

知　識 ▲	思考力（想像力） ▲	協　力 ●
行動力 ▲	リーダーシップ ★	コミュニケーション ●
仲の良さ ★	柔軟性 ▲	判断力 ▲

★… 十分に力がある　●… ある程度力がある　▲… 力が足りない

何が足りないのか分析し、PDCAを回すのに生かす

POINT

組織に足りない力を分析し、PDCAを選手たちで「創る」。

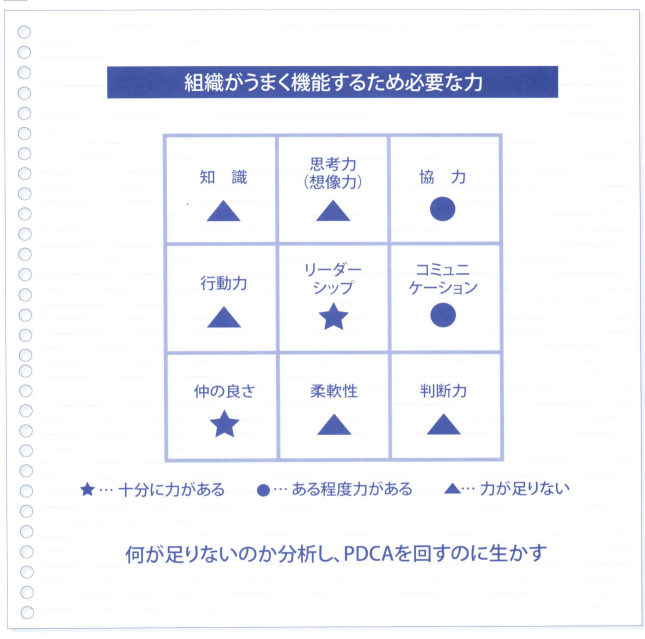

24

学習定着率ラーニングピラミッド

能動的に取り組んで身に付けた学びこそが本物の力に

学習方法が能動的であるほど学んだことは身に付きやすい

アメリカ国立訓練研究所の研究によって導き出された「ラーニングピラミッド」は、学習方法と平均学習定着率の相関性をピラミッド型の図で示したものです。言い換えれば、「どのような学習方法を取れば、学んだことがしっかり頭に残って身に付くのか」を分類したもので、7つの学習方法の定着率を示しています。ピラミッドの上から下に向かっていくほど定着率が高いことが分かります。

一番上の「講義」は、講師や先生の話をただ聞くだけの形。研修セミナーや学校の授業を受けている状態で、平均学習定着率は5％程度と、ほとんど身に付いていないといえます。参考書や関連図書を「読む」は10％、音声や動画などの「視聴覚教材」による学習が20％、現場見学や教師による実験など「実演を見る」が30％。ここまでの学習方法は総じて受動的であり、定着率も低いレベルにあります。

しかし、ディスカッションやディベートなど「グループでの討論」は50％、手や身体を動かしたり現場でのフィールドワークなど「体験を通した学習」が75％、「学んだことを他人に教える」では90％にもなり、能動的な学習方法だと高い定着率が望めるのです。

ボトムアップ理論の説明を通じて学びを血肉に、チーム力も向上

私たちも最初は、講義や実演を見るなどの方法をサッカーの指導に取り入れていましたが、後述する「ワールドカフェ（P76参照）」での討論に加えて、選手たちを大きく成長させたと実感していることがあります。それは、来校される見学者の方々に対して、選手たちが実践しているボトムアップ理論を、自分たち自身で説明するようになったことです。それも、決まった担当者が毎回行うのではなく、部員全員にしてもらうのです。

安芸南高校には、年間約1000人もの見学者が来校されます。サッカーの指導者だけでなく会社の社長さんもおられ、部員はボトムアップ理論や取り組み内容についての説明がきちんとできるように前もって練習をします。部員が説明者と見学者の役に分かれ、説明の仕方や案内する手順などシミュレーションを繰り返してから本番を迎えるのです。この過程で、今まで学んできたことが本当の意味でしっかりと身に付くようになっていきます。

こうした取り組みを続けたところ、実際にチームの力は明らかに強くなっていきました。誰かに言われて動く受動的な姿勢から、自ら考えて自発的に動く能動的な姿勢に変わり、技術や戦術のトレーニングが中心だったときよりも勝率が高くなったのです。このような環境は、会社や家庭の中でもつくり出すことが可能です。会社なら、研修セミナーを受けた最後に、学んだことを自分なりに振返り、セミナーを受けていない人に分かりやすく教えてみるのも一つの方法です。こうしたアプローチを続けることで、社員や子どもの自立を促し、業績や成績アップといった成果につながっていくのではないかと思います。

24　学習定着率ラーニングピラミッド

能動的に取り組んで身に付けた学びこそが本物の力に

ラーニングピラミッドで見る学習定着率

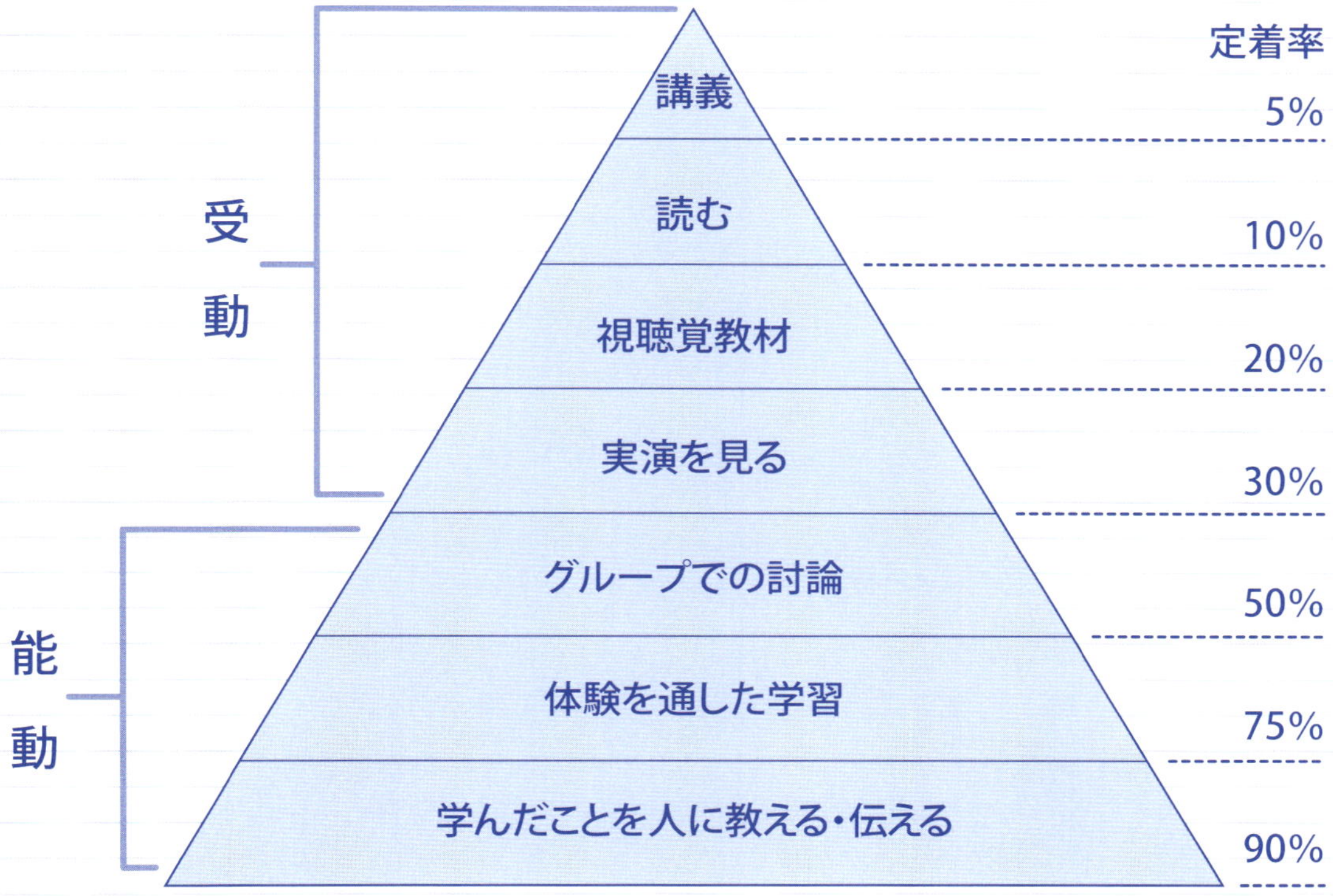

POINT

学習方法が能動的であるほど学んだことは身に付きやすい。

ボトムアップ理論® 実践編のまとめ

1 心を整え、良い結果を生む「靴ならべと荷物整理」

靴ならべや荷物整理は、試合に臨む前の良い準備。心のコンディションを整えることで常に平常心を保ち、油断のないプレーにもつながる。整理・整頓・掃除からなる３Ｓ活動は企業でも取り入れられ、コスト削減から社員の人間力育成まで幅広い効果をもたらしている。

2 自分たちでチームを“創る”自主自立の精神

スタメンから練習メニュー、ゲームプランまで、指導者でなく選手自身が全員で考え、主体的に実行。教えられるのではなく自分で考え、全員が「自分たちでチームを創っている」という実感を持てることが大切。こうした過程を経て、自主自立の精神も育っていく。

3 スタメン選考の基準は「巧い」よりも「社会性」

指導者でなく選手が話し合って選ぶスタメンは、プレーの巧さよりも道徳心や倫理観が問われる社会性を最優先。企業でも、営業成績が良くても挨拶や返事ができないような人がリーダーでは、組織に悪影響を及ぼす。全員が団結するには社会性豊かなリーダーが必要。

4 モチベーションアップに活用できる「自立までの５段階」

生理的欲求から始まる５段階の欲求を１つずつクリアしてたどり着くのが自己実現欲求。物質的・精神的に満たされれば自分自身が成長したいという欲求が増し、自ら動き、所属するチームや企業に貢献しようと努力するようになる。モチベーションや自立心の向上にも有効。

5 PDCAを個人と組織で回し、対応力の高い組織に

「計画・仮説→実行→評価→改善」のサイクルを個人と組織それぞれで繰り返すPDCA。その過程で常に観察して問題に気づき、改善の計画を立て、実行後に検証して次に生かすことで対応力の高い組織にしていく。新規事業などの場合は、実行から始めるDCAPが現実的。

第3章

ボトムアップ理論®
応用編

25 一流とは

正しい生活と地道な練習が一流ならではの強さを育てる

日常生活から自らを律しつつ本番で力を発揮できるのが一流

スポーツをはじめ、あらゆる分野で「一流」と呼ばれる人たちがいます。そういった人たちは、ただ高い技術や知識をもっているから一流なのではありません。常日頃から挨拶や整理整頓がきちんとでき、ルールやマナーを守りながら生活をしつつ、地道に練習を重ねて、試合やテストなどの本番で力を発揮する人こそ一流と呼ばれるのです。大切なのは、日常生活から自らを律し、地道な練習に積極的に取り組み、本番に臨む姿勢です。

一方で、挨拶をおろそかにしたり整理整頓ができないのに、練習のときだけがんばるのが二流。さらには、練習すら中途半端にしかできないのに、本番のときだけがんばるのが三流です。ときに、一流スポーツ選手といわれた人が問題を起こすことがありますが、これでは残念ながら本当の意味での一流選手ではなかったのだと言わざるを得ません。

一流選手を目指してスポーツに励む子どもの中には、試合だけはがんばるものの、勉強しなかったり生活態度が良くなかったりする子どももいます。その場合、左ページのピラミッド図を子どもに見せて説明をすると、日常生活の態度が改善されることがかなりあります。「本番でうまくできることが一流」と大人でも勘違いしがちですが、日常生活からしっかりとした心がけをしていきながら練習や本番で力を発揮できる人が一流だということを、多くの人に理解してもらいたいのです。

これはスポーツに限ったことではありません。今の子どもたちは小さい頃から習い事を多くしていますが、発表会やテストなどの本番でうまくいかなかったとしても、親は結果だけを見て子どもを評価すべきではありません。練習は真面目に取り組んでいるか、日常生活をきちんと正しく送ることができているかをしっかり見ていき、できていなければ改善に導くような言葉がけをしてあげることが必要でしょう。それが最終的に良い結果を得ることにもつながっていきます。

汚れていなくてもきれいにして心のコンディションを整える

一流の人は、身の回りのきれいを保ち、それがきれいな心を保つことであり心のコンディションを整えることにつながるともいわれます。汚れたところを自分で感じ取ることができない人、人から言われなければ掃除ができない人は二流で、汚れているところを自らきれいにする人は一流です。それを上回る〝超一流〟は、きれいなところをもっときれいに、毎日毎日きれいにして常にきれいを保つようにします。それが自らの心を保つことにつながるからこそ、いつも平常心で心のコンディションも良い状態でいられるといいます。

掃除や整理整頓が大事といわれるのは、場の空気が素敵に変わっていき、きれいな環境を保つだけでなく、そこにいる人の心を汚れないようにする、つまり心のコンディションを保つことにつながるからです。

どんなことも一流への第一歩は、日常生活の正しいあり方から始まるといえるでしょう。

25 一流とは

正しい生活と地道な練習が一流ならではの強さを育てる

日常生活の一流の捉え方

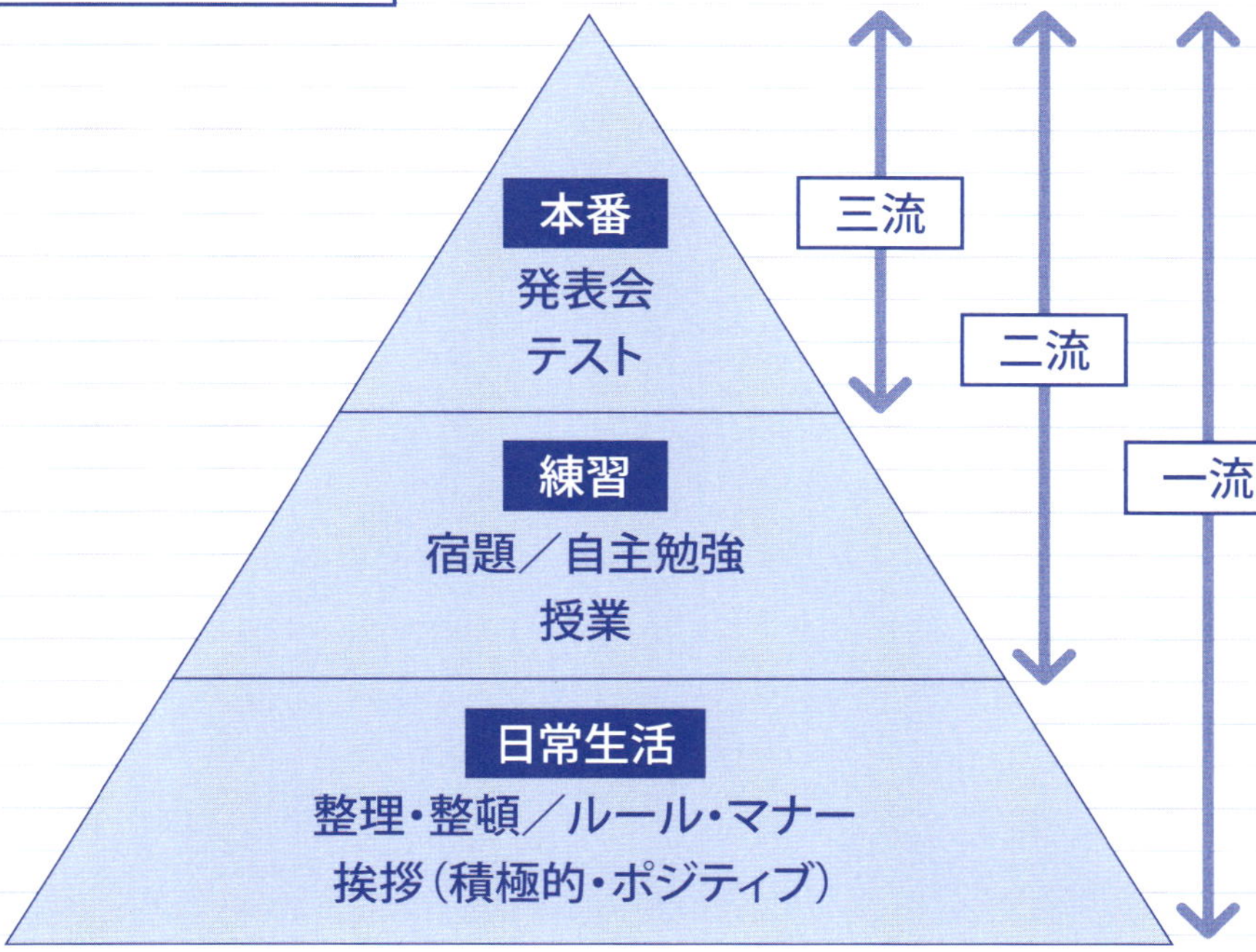

心のコンディション

超一流 …きれいなところをもっときれいにし、常にきれいを保つ＝心を保つ

一流 …身の回りのきれいを保つ、心のコンディションを整える

二流 …汚れたところを自分で感じることができない
人から言われなければ掃除ができない

POINT

日常生活から自らを律しつつ
本番で力を発揮できるのが一流。

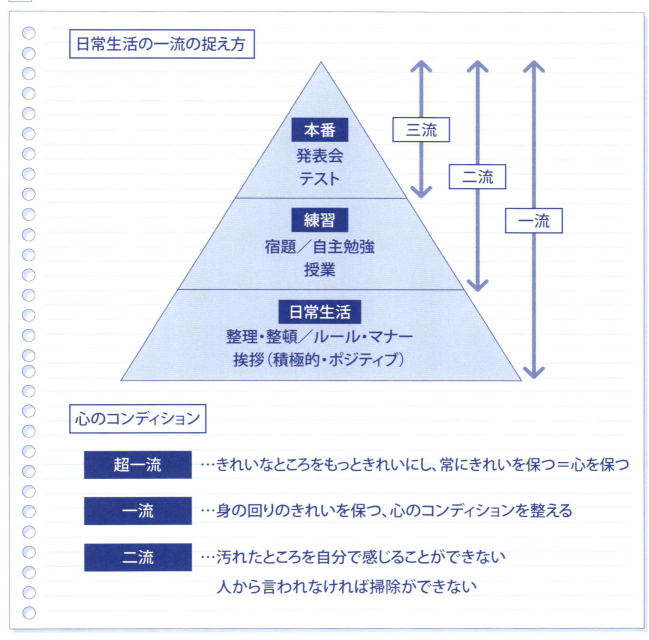

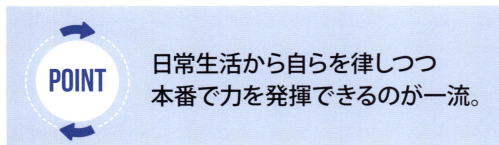

26 人間力5つの構成要素

「世の中を生き抜いていくための力、それが人間力」

5つの構成要素から成る人間力 足りない部分は組織で補い合う

「人間力」という言葉はよく使われますが、言ってみれば実に抽象的な言葉です。これを具体化していくと、「実践力」「体力」「コミュニケーション力」「気力」「知力」といった言葉で表現することができます。

これを踏まえると、例えば「お前は勉強ができないからダメだな」ではなく、「勉強（知力）なんて、人間力の中の5分の1にしかすぎない。将来、社会に出たら、逆に気力やコミュニケーション力の方が大事だよね」という言葉で、勉強が不得意な子も勇気づけることができます。最終的に、これらの構成要素をバランス良く育てていくことが大事なのです。

サッカーでいえば、足が速い子もいれば遅い子もいて、体が柔軟な子もいれば固い子もいます。どの子も、すべてにおいて均等に育てる必要はありません。例えば、「5つの力のうち、3つの力は備えていても他の2つの力はゼロ」では困りますが、「知力や実践力は少ないが、体力や気力、コミュニケーション力は優れている」という具合です。技術ベースでは低いものの、物事をやろうとするモチベーションやバイタリティーなど精神力ではとても高いものを持っていればそれで良いのです。

どの組織にもいろいろな人がいますが、10人いれば10人の人間力の総和として全体のバランスが取れていれば良いわけです。私たちのサッカーの練習でも、足の遅い子のポジションを足の速い子がバックアップ。足の遅い子が敵に捕まっても足の速い子がカバーし、全体のバランスを取るようにしています。

ボトムアップ理論で目指すのは勝利でなく人間力の育成

「人間力」は、「世の中を一人でも生きていける力」と言い換えることができます。サッカーを通じたボトムアップ理論を実践する目的もまさにこの人間力育成にあり、決して勝つのが目的ではないことを常に忘れてはいけません。すべては、人間力を向上させるためにいろいろな練習をしているのだという意識を持っていれば、体罰やパワハラといった問題は起きないはずです。

会社でいえば、売り上げが上がらないなど苦しい状況にあっても、長い目で見て社会貢献や地域貢献が最終的な目的だということをブレずに意識して努力していれば、いつか挽回できるときも来るでしょう。目的を誤れば、生産性や利益を上げるために不正をしてしまうということにもなりかねません。

そして、目的を達成するには必ずチャレンジが必要になります。勇気をもって挑戦した結果失敗したとしても、それをけなしてしまえば次に挑戦することはないでしょう。しかし、挑戦しないということは、失敗もなければ成功もなく、組織の前進や成長は見込めません。いわゆる、挑戦＝成功なのです。社員のレベルアップを図りたいなら、失敗は成功のチャンスととらえ、失敗を恐れず安心感をもって主体的に挑戦できる環境づくりを組織のトップは常に心がける必要があるのではないでしょうか。

26 人間力５つの構成要素

世の中を生き抜いていくための力、それが人間力

人間力５つの構成要素

人間力
＝「世の中を一人でも生きていける力」

- 実践力
- 体力
- コミュニケーション力
- 気力
- 知力

最終的に５つの構成要素をバランス良く育てていく

⇓

組織は人間力の総和として全体のバランスを取る

POINT

ボトムアップ理論で目指すのは
勝利だけではなく、
道徳心、倫理観を持った人間力の育成。

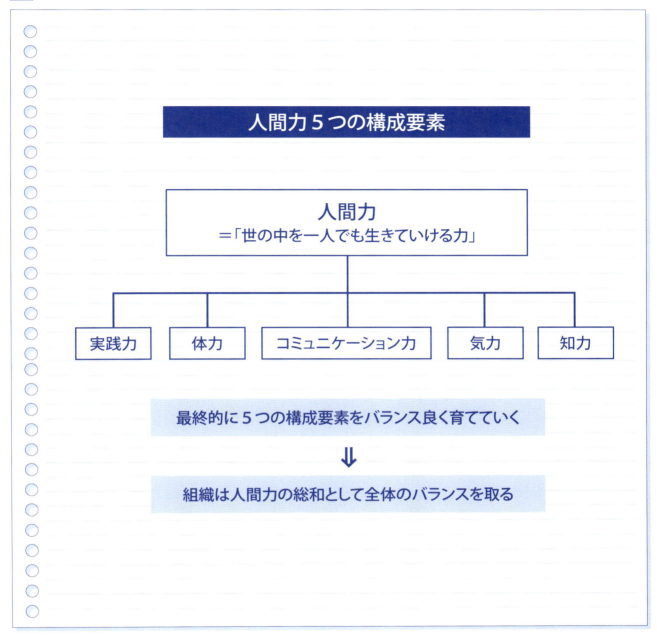

27 メタ認知

自分を客観視し、振り返ることでミスを防ぐ能力を向上

見えないプロセスの中で自分を客観的に観る「メタ認知」

「メタ認知」とは、簡単にいうと「自分を、もう一人の自分で認知する能力」。自分を客観視することはなかなか難しいものですが、ボトムアップ理論においてこのメタ認知能力は大いに重要であり、ぜひ高めたい能力です。ボトムアップ理論においては、結果も大事ですが、プロセス(過程)はもっと大切です。勝ち負けの結果だけが大事で、プロセスを追わないのであれば、極端にいえばどんな試合でもじゃんけんで結果を決めればいいということになってしまいます。しかし、勝ち負けが決まるまでのプロセスがあるからこそ、喜びや悲しみが生まれるのです。

このプロセスには、「見えるプロセス」と「見えないプロセス」があって、見えるプロセスは、「試合の勝ち負け」、「チームが何点取った」、会社であれば「利益をこれだけ上げられた」などの結果に関わる部分です。一方、見えないプロセスは、「試合の中で自分の気持ちや感情がどう変わってきたか」、「どういう思いでプレーしたか」など、他人からは見えない部分です。この見えない部分を自分で客観的に認知するのがメタ認知の世界です。

試合の後、ただ単に結果を踏まえて「勝てて良かった」「負けたので悪かった」というだけでは、選手の成長にはつながりません。例えば監督やコーチが「君はどんな気持ちで今日戦ったの?」などと問いかけることで、試合に勝つために自分がどういう気持ちでプレーしたのかを自分で振り返るよう導き、メタ認知能力を上げていきます。

振り返りを繰り返すことでミスを予測し防ぐ力につなげる

このメタ認知がなぜ必要かといえば、自分がうまくいったことと、うまくいかなかったことを、もう一人の自分で振り返るトレーニングを重ねていくと、さまざまな局面において自分がそこでミスをするかどうかを予測できるようになるからです。そして、ミスに気づくことができる「発見能力」も上がります。

例えば、「自分はよく人とケンカになりがちだ」という自覚があるとします。そんな自分をもう一人の自分が見て、「お前は短気で、何か言われたら何も考えずに言い返してしまうじゃないか。もう少し、人が言ったことを理解しようと思って、ワンテンポ間を置いて言葉を返せばケンカにならないよ」という具合に、自分で自分に問いかけるようにしてみます。それを受けて、「そうだな。すぐに言い返すから感情的になってしまうんだ。今度は一呼吸置いて言葉を発するようにしてみよう」などと、次はミスをしないよう自分をコントロールできるようにしていきます。実際、自分のメンタルをコントロールするために、メタ認知のトレーニングを取り入れているスポーツ選手も多いと聞きます。

このような心の中での振り返りを容易にするため、図や文章にして可視化することも効果的です。そして、見えないプロセスにおけるメタ認知は、スポーツだけでなく、組織の中でうまく仕事を進めたり、人間関係を円滑にするためにも必要な能力といえます。

27 メタ認知

自分を客観視し、振り返ることでミスを防ぐ能力を向上

メタ認知 …自分をもう一人の自分で認知する能力

ボトムアップ理論においては、結果も大事だが
プロセス（過程）はもっと大切

2つのプロセス
- 見えるプロセス
  - ・試合の勝ち負け
  - ・チームが何点取った
- 見えないプロセス
  - ・試合の中で、自分の気持ちや感情がどう変わってきたか
  - ・どういう思いでプレーしたか

メタ認知は、なぜ必要か？

①ミスをするかどうかをあらかじめ予測できる

②ミスに気づくことができる

③ミスしないように自分をコントロールできる

↓

振り返りが重要

POINT

振り返りを繰り返すことで
ミスを予測し防ぐ力につなげる。

28

直接的・間接的スキルの両方を磨いてグッドゲームを追求

グッドゲームにするにはピッチ外での心がけも大切

一流のスポーツ選手など、物事に長けている人は、直接的スキルと間接的スキルの両方を持ち合わせています。直接的スキルとは、技術、戦術、体力などを指し、直接的に直すことができるものです。一方、間接的スキルはいわば〝ピッチ外〟のことになり、コンディションの維持やフェアプレー精神、運などがそれに当たります。コンディション維持はモチベーションや生活習慣が関係してくるもので、フェアプレー精神にはリスペクトや礼儀、マナーを重んじる心、そして運には日頃からの整理整頓などが関わってきます。

ボトムアップでは、常に「グッドゲーム」を追求し続けていきますが、そのためには直接的スキルと間接的スキルの両方を磨き、伸ばしていくことが重要になります。いくら良い技術や戦術を持っていても、ケガをしたり、夜遅くまで起きていたために睡眠がしっかり取れず、試合で良いパフォーマンスができなかったということはよくあります。仕事でも、「クライアントを相手に良いプレゼンをしなければならないのに、前日に深酒をして悪いコンディションで臨んでしまい、失敗した」というケースがあるように、いくら直接的スキルが高くても、間接的スキルが低いようでは良い結果は得られません。ビジネスの世界でも、両方の高いスキルがあってこそ、本当に仕事ができる人といえるのです。

直接的・間接的スキルの両方からうまくいかなかった原因を探る

うまく自分のプレーができなかったとき、その理由が技術的なことよりもコンディションにあったというケースは意外と多いものです。サッカー部の指導においてそれを教えてくれるのが、前述した2種類のノートです。基本的には直接的スキルはサッカーノート（間接的スキルにも触れて連動して考えさせます）、間接的スキルはトレーニングノートに関係する内容になります。「普段と違って今日はうまくパスできなかった」「切り返しがおかしかった」など、思ったようにプレーできなかった理由は、直接的スキルと間接的スキルの両方で振り返っていく必要があります。そうしなければ、原因を正しく突き止めることができません。例えば、家庭で家族とケンカをしてしまって落ち着きがなかったことがプレーに影響したのかもしれないと、トレーニングノートを通じて分かる場合もあります。このように、2種類のノートがプレーの原因を探るヒントにもなり、グッドゲームの追求の一環として大いに活用しています。

間接的スキルの「運」については、目に見えるものではなく、もちろん鍛えられるものでもありません。しかし、「普通なら蹴ることのできないような絶妙なコースにシュートが決まった！」というとき、「勝利の神様が微笑んでくれた」と表現することがあります。こうした運やツキというものを呼び寄せることに必ずしも直結はしなくても、普段から常に整理整頓を心がけ、心を整えて試合に臨むようにすれば、勝利の神様が微笑んでくれることもあるかもしれません。

28 グッドゲームの追求

直接的・間接的スキルの両方を磨いてグッドゲームを追求

グッドゲームの追求

直接的スキル（ピッチ内）	間接的スキル（ピッチ外）
・技術 ・戦術 ・体力	・コンディション （モチベーション・生活習慣） ・フェアプレー （リスペクト・礼儀・マナー） ・運（整理・整頓・掃除）
サッカーノートで振り返り	トレーニングノート （コミュニケーションノート） でより具体的に振り返り

POINT

直接的スキル・間接的スキルの両方から
うまくいかなかった原因を探る。

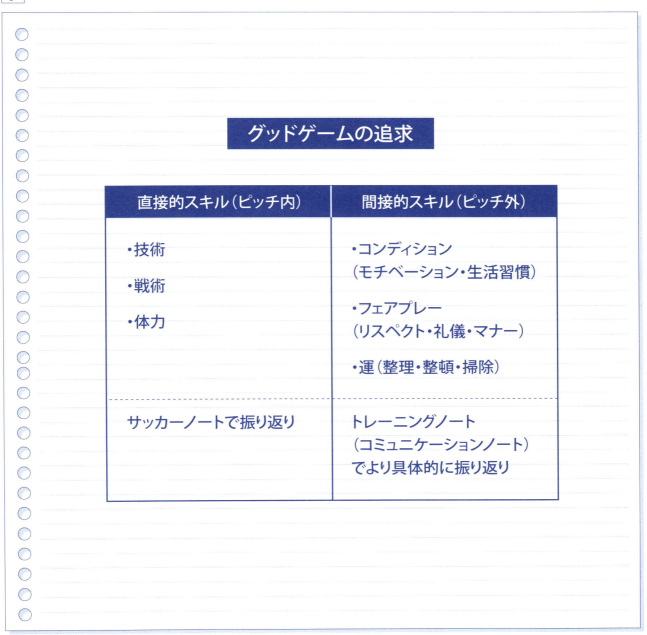

29 TEAMの意味

一致団結と個々の能力アップでチームに奇跡を起こす

全員の連携・調和と個人の能力 両方が合わさって起きる「奇跡」

本当に良いチーム(TEAM)とはいったいどんなチームでしょうか。

T(together)「みんなで一緒に」、

E(everyone)「一人ひとりが」、

A(achieves)「成し遂げる」、

M(miracle)「奇跡」、

つまり、一人ひとりがみんなで一つになり、団結したときに成し遂げられるもの、それが奇跡という意味です。チームの全員が団結した瞬間にこそ、奇跡が起こるのです。

目標を達成するため、つまり奇跡を起こすためには、チームワークが非常に重要になります。チームワークというと、一般的には協力する、調和する、連携するといった言葉が思い浮かぶでしょう。しかし、この答えは残念ながら100点ではなく50点。協力し、調和し、連携するだけでは不十分です。チームが掲げている目標に対して、個人がどれだけ自分のできることを増やしてチームに貢献できるかが肝心なのです。個人の能力を上げつつ、全員が調和・連携・協力をして初めて、本当の意味でのチームワークになるからです。

連携や組織力といったイメージが先行しやすいチームワークですが、得てしてこの「個の能力アップ」を忘れがちです。試合前や試合中にみんなで肩を組んで、「よしいくぞ!」という形を示すだけでは、半分しかチームワークが取れていないということになります。個の能力を高めると同時に調和・連携・協力し、一致団結して本当の意味でチームが一つになったときに起こるのが奇跡です。奇跡を起こすための〝あとひと頑張り〟も、個とチーム、両方の力が最大限に到達できてこそ、可能になるのです。

奇跡に届かなかったときに考える チーム・個人としてできること

奇跡が起こらなかったときには、「まだ自分たちは本当に一つのチームになれていないのかな」「チームに何が足りないのかな」「自分はチームの役に立てていないのかな」と一人ひとりに感じてほしいのです。そして、チームとしてやるべきことと、個人としてやるべきことを両輪で考えてみてほしいと思います。

「チーム一丸」や「一致団結」といったフレーズを唱えて、チームとして目指す姿勢を示すだけに留まらず、「もっとこんなふうにうまくなりたい」「自分はどうすればチームにもっと貢献できるのか」というような姿を具体的にイメージしていくのも良いでしょう。これも、人からのアドバイスや他人任せにするのではなく、まずは自ら考え、積極的に自分から動いていくことが大事です。その後で、人に意見を求めて工夫するのは良いでしょう。自ら考え、行動し、工夫する過程にも、日頃から実践しているボトムアップは生きてくるはずです。

29 TEAM の意味

一致団結と個々の能力アップでチームに奇跡を起こす

TEAM（チーム）とは何か？

T（Together）…… みんなで一緒に

E（Everyone）…… 一人ひとりが

A（Achieves）…… 成し遂げる

M（Miracle）…… 奇跡が起こる

チームワーク ⟹ 調和・連携するだけでは不十分

＋

個の能力を上げつつ、全員が調和・連携

POINT

全員の調和・連携と個人の能力
両方が合わさって起きる「奇跡」。

30 トップダウンとボトムアップの融合化

トップとボトムアップ、2つの融合で自立型の組織へ

指示命令から「考えさせる」へ 組織を成長させる〝化学反応〟

そもそも、トップダウンとボトムアップは別々のあり方ではなく一連のものといえます。決してどちらかを二者択一するものではありません。最初はトップダウン的に、「こうしなさい」「こうやった方がいいよ」という具合に指示命令を出すことから始めます。しかし、いつまでもトップダウンのままでは選手たちの成長は見込めないし、指示待ち人間を育ててしまうことにもなりかねません。

大切なのは、トップダウンとボトムアップの融合によって化学反応を起こすことです。

監督が選手たちに対して指示命令を出すトップダウンは、ずっと続けていると言われなければ動かない選手たちになってしまいます。よって、少しずつボトムアップ的なアプローチへと移行して、選手たちに任せる、認める、考えさせる形を取っていき、やる気につなげていくという考え方で、両方を併用していくのがベストではないでしょうか。選手たちに任せて考えさせていくと、現場の意見は増えていき、チームは少しずつ自立型へとたくましく成長していきます。

私自身は、トップダウンとボトムアップを2：8の割合で実践していますが、取り組む種目によってはこれが五分五分だったり、もしくは、トップダウン8割でボトムアップ2割でも良いでしょう。ボトムアップ理論を実践するからといって、最初からいきなり全部を現場に任せてしまうと大失敗してしまう可能性もあるからです。

トップダウンとボトムアップを融合させることは、一つのビーカーに異なる物質を入れると化学反応が起こり、新たな物質ができることに似ています。一つの組織の中で化学反応を起こすことで新たなものが生み出され、それが現場力や選手の自発性を高めることにつながっていくのです。

「やらされる」→「自らやる」 トップボトムアップによる変化

この考え方は、心理学の世界で広く知られるデシ&ライアンの「自己決定理論」に似た理論といえます。最初は「ああしなさい」「こうしなさい」という指示に従うだけの、外発的動機付けによって「やらされているだけ」であっても、小さな成功体験を重ねていくうちに自然と自分なりに工夫をするようになり、物事が少しずつできるようになっていきます。自分でできるのだということを実感できるようになれば、当初の外発的動機付けは、「面白いな」「もっとやりたいな」「チャレンジしてみよう」と、自分の心の中から取り組みへの意欲が湧いてくる内発的動機づけへと変化。最終的には、トップが何も言わなくても自ら率先して取り組むようになるというのが「トップボトムアップ」です。ボトムアップ理論が「あり方」であるのに対し、トップボトムアップは「やり方」といえるかもしれません。

これは私たちサッカー部の監督と選手に限ったことではなく、企業の社長と社員の関係においても同じことがいえるでしょう。

30 トップダウンとボトムアップの融合化

トップダウンとボトムアップ、2つの融合で自立型の組織へ

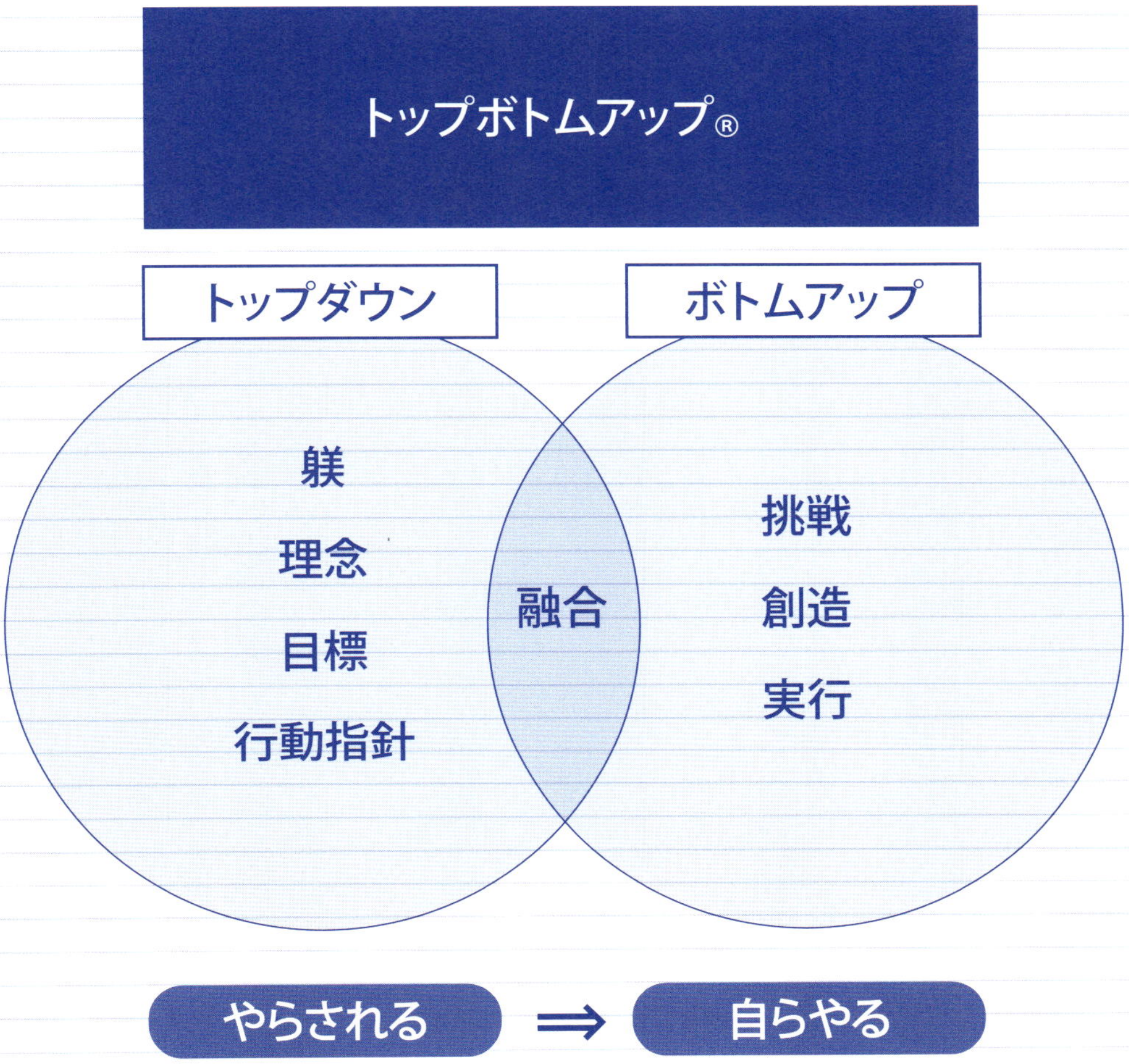

POINT

指示命令から「考えさせる」へ
組織を成長させる「化学反応」。

31
ワールドカフェ
全員の意見を集約してまとめ上げる〝ボトムアップ的会議〟

リラックスした雰囲気の中で全員が平等に発言できる場に

「ワールドカフェ」とは、話し合いにおける一つの手法です。「知識や知恵は、機能的な会議室の中で生まれるのではなく、人々がオープンに会話を行い、自由にネットワークを築くことのできる〝カフェ〟のような空間でこそ創発される」という考えに基づいています。言い換えると、「話し合いをかしこまった会議場でやるよりも、時には笑いも交えつつ井戸端会議のようにリラックスした空間で行った方が話しやすいのでは？」という考え方です。そうした雰囲気の中だと、話し合いにおける本質的なものや最も大切な要素といった主体性と創造性を高めるエッセンスが抽出されやすいのではないかと考えられるのです。

例えば、話し合う時間60分、出席者16名で、通常の会議とワールドカフェを比べてみましょう。会議の場合、2～3名がそれぞれ10分程度、1名が30分にも渡って意見を述べると、他の10名以上は何も発言することなく終了することになります。意見の内容ではなく、声の大きい人の意見に左右され、結局は発言できずモヤモヤした気分を抱えた人を多く生んでしまっただけという結果に終わってしまっては、16名が参加した会議の意味がほとんどなくなってしまいます。

同じ会議でも、ボトムアップ的なアプローチをするとワールドカフェになります。各テーブル4名ずつに分かれ、時間は1Rラウンド20分、3Rで60分。20分を4名で割ると1名5分、60分で1名15分は発言できることになり、全員が各自の考え方を確実に発表できます。

相手を否定せず話し合いを楽しみ自分のすべきことを明確化

進め方としては、まず簡単な自己紹介を行い、「ファシリテーター」と呼ばれる進行役の導きで、各自がテーマについての意見を3分で用紙に書き、その説明を各自4分で行います。テーマの例としては、「あなたにとって、チーム一丸（会社一丸）とはどのような状態ですか」「あなたにとってホスピタリティ力とは会社ではどのような状態ですか」など。テーマがチーム一丸なら、「笑顔」「何でも言える環境」など、一人ひとりが考える「チーム一丸」を用紙に書いてもらい、各自2～4分間で発表します。その後、ファシリテーターを残して他のメンバーは違う席へ移動し、ファシリテーターによって同様に進行。新しいメンバーから前に書いた人の説明を求められれば、その都度ファシリテーターが説明します。こうして一通り移動したら、グループごとに発表を行って終了となります。

これだと声の大小に関係なく全員平等にアウトプットができ、議論内容を全員でシェアできます。下意上達でみんなの意見を下から上げ、まとめていきながら前に進んでいくのはまさにボトムアップ的なアプローチです。ただし、ワールドカフェにはルールがあります。主語を「自分」にし、相手の意見を否定せず尊重し合う安全な場で、話し合いを楽しむことです。そして、ワールドカフェを終えた後、明日から自分は何をすべきかを具体的に掲げるまでが各自の収穫となるのです。

31 ワールドカフェ

全員の意見を集約してまとめ上げる“ボトムアップ的会議”

ワールドカフェ …「知識や知恵は、機能的な会議室の中で生まれるのではなく、人々がオープンに会話を行い、自由にネットワークを築くことのできる“カフェ”のような空間でこそ創発される」という考えに基づく

ワールドカフェの進め方 …各テーブル４名ずつに分かれる

各テーブルで
ファシリテーターを進行役　　テーマは、チーム一丸とはどのような状態か？

①テーマについて各自３分で用紙に記入
その説明を各自２分～４分で行う

↓

②ファシリテーターを残して他のメンバーは
次のテーブルに移動

↓

③移動したテーブルでファシリテーターにより
同様に進行

↓ テーブルを一巡

④最後に最初のテーブルに戻り
各テーブルごとにまとめた意見を発表

（①～④）声の大小に関係なく全員平等にアウトプットができ、議論内容を全員でシェアできる

POINT

ワールドカフェのグラウンドルールは、主語を「自分」にし、相手の意見を否定せず、尊重し合う安全な場で話し合いをワクワク楽しむこと。

32

ファシリテーター

「有意義な話し合いにするために不可欠なファシリテーター」

中立的立場から意見を引き出し結論を導くファシリテーター

ボトムアップ的会議ともいえるワールドカフェにおいて、進行役となるファシリテーターには、「中立」「引き出す」「促進」という3つの要素が求められます。

ファシリテーターは、司会進行役としてメンバーから意見を引き出し、それらをつなげていきます。あくまでも中立的な立場に立って黒子役に徹しながら、チームの課題や取り組み、問題解決や優先順位を導き出していきます。

注意したいのは、あまりしゃべりすぎないこと、メンバーに要所要所で違った観点を与えながら、話しやすい雰囲気づくりを意識して行うこと、予定時間内に一定の結論を出して話し合いを終えるタイムマネジメントなどです。

しかし、少々うまくいかなくても大丈夫。仲間であるメンバーがサポートしてくれると信じて進めていけば良いでしょう。

話し合いを有意義なものにするファシリテーターの重要性

ファシリテーターは、いわば〝演出家〟です。話し合いをし、最終的に必要な論点へと参加者を導くことを「さばき」といいますが、進行役がファシリテーション型になるだけで、話し合いの様相や参加者の考え方は大きく変わってきます。

さばきのプロセスとしては、まず最初に①全員から意見を引き出し、②相互理解・合意形成(コンセンサス)を図り、③それをどう話し合っていくかという方向づけを行います。さらに、④物事が早くはかどるように促して最終的にまとめていくという4段階の過程を踏んでいきます。話し合いの過程で最も難しく、かつ重要なことは、10人なら10人全員が物事を理解することです。全員が理解できていないまま進行するのと、理解してから進行するのでは大きな違いがあります。

だからこそ、発言の不足点を補いながら、内容を適切に理解してみんなで共有していくことがとても大事になります。時には議論の本筋とは違う方向に話し合いが進んでしまうこともあるでしょう。そんな中でも、参加者の意見を選択・整理しながら合意形成を図り、話し合いをまとめるのがファシリテーターの役割です。そのためには、参加者から信頼を獲得しながら物事を進めることも大切です。

ファシリテーターとしての役割を全うするためには、「仕込み」つまり事前の準備がとても重要になります。ともすれば、当日の働きよりも仕込みの方が大切かもしれません。昔から「良い準備が良い結果を生む」といわれ、建築の世界にも「段取り八分・仕事二分」という言葉があるくらいです。心技体すべてにおいて、ファシリテーターは準備をしっかりしておくことが求められます。話し合いに入る前に、全体の地図を頭の中で描きながら、中立的な立場で意見を引き出していくことを心がけましょう。

32 ファシリテーター

有意義な話し合いにするために不可欠なファシリテーター

ファシリテーター

…「中立」「引き出す」「促進」の
3要素が求められる

⇓

中立的な立場から黒子役に徹しながらチームの課題や取り組み、問題解決や優先順位を導き出す

↓

ファシリテーターは"演出家"

議論の「さばき」を行う

さばきのプロセス

意見を引き出す → 相互理解 合意形成（コンセンサス） → 方向づけ → 促進・まとめ

POINT

進行役がファシリテーション型になるだけで話し合いの様相や参加者の考え方は生産性が向上する。

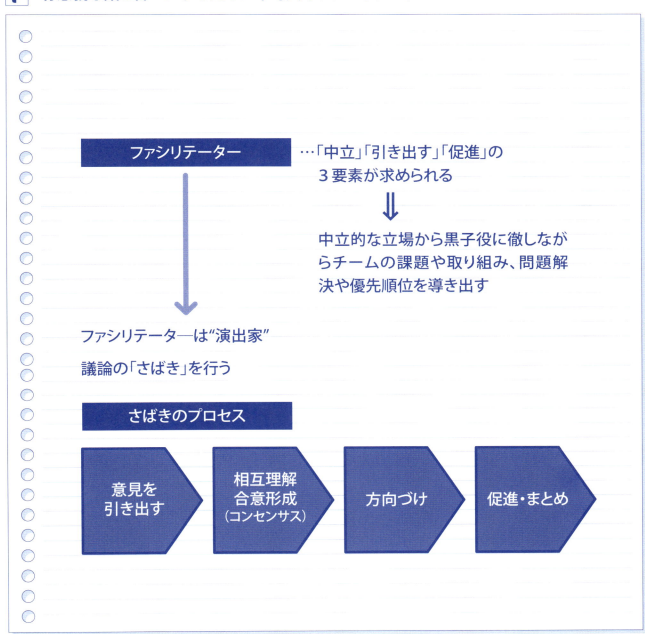

33

「ワクワク朝礼
脳をワクワクさせて潜在能力を引き出す朝のアプローチ」

脳を喜ばせて可能性を引き出すユニークな朝礼を実践

ボトムアップ理論において重要な「あり方」を磨くためのアプローチの一つが、「ワクワク朝礼」です。一人ひとりの元気・やる気を引き出すとともに、組織の士気を高め、環境を明るくして、個人と組織それぞれの能力を最大限に引き出すために行っています。

朝礼で、1人の部員が例えば「今日の練習ではシュートを5本以上打ってチームを盛り上げたいです！」などと自己目標を言うと、他の部員が「いいねー！」と言ってその場を盛り上げます。また、「今日も素敵！」「今日も日本一！」「今日もがんばるぞ！」などポジティブな言葉を1人の部員が言うと、それに続いて他の部員が同じ動作・表情・言葉を復唱する「盛り上げの声」というものもあります。さらには、気合いを入れて全力でジャンケンをし、勝っても負けてもあいこでも全力で喜ぶ「本気のジャンケン」もあります。この取り組みの目的は、脳をワクワクさせることによって潜在能力を引き出すことにあります。

人間の脳は、大脳新皮質（知性脳）、大脳辺縁系（感情脳）、脳幹（反射脳）という3つの層から成っています。脳の中央にある大脳辺縁系の中には1・5ミリ大の扁桃核があり、扁桃核は快・不快の感情を判断する部位です。これを揺さぶると、人間の中にあるすべてのホルモンが良い方向に働くことが脳科学の世界で広く知られています。脳の司令塔であるこの扁桃核を揺さぶるために行うのがワクワク朝礼なのです。扁桃核を揺さぶって感情脳がワクワクすると潜在能力が引き出され、知性脳と反射脳もうまく働いてプラス思考がうまくいくようになっていきます。逆に、扁桃核が揺さぶられることがなければ、ネガティブ思考に陥ってしまったり、体調が悪くなってしまったりすることにもつながります。

ワクワク朝礼で取り組む校風や社風の風土改革

このような取り組みを継続しているのは、学校でいう校風、会社でいう社風など、良い風土をつくるため、いわば風土改革のためです。人は、その組織の規定や規約で動くのではなく、そこに吹いている風（雰囲気）によって動くもの。だからこそ、常に良い風を吹かせておくことが大切になるのです。

家庭でも、お父さんやお母さんが常に明るく過ごす風土をつくっていれば、子どもも自然と明るく振る舞えるし、いつも言い争いをしていれば子どもの心が暗くなり、元気がなくなるのと同じです。犯罪の多いアメリカの都市で、いくら法律を厳しくしても犯罪が減らなかったのに、落書きを消すなど町をきれいにすることで犯罪が大幅に減ったことも同じ道理といえるでしょう。部室をきれいに掃除するのも、良い風土作りの一つです。

同じように、家庭の風土を改革したいと思ったら、例えば毎朝「ワクワク朝礼」をして、子どもとお父さん、お母さんが「今日もバリバリ仕事がんばります」「今日は掃除をがんばります！」「学校で一生懸命勉強します」などと大きな声でポジティブに思いを言い合うのも良いでしょう。

33 ワクワク朝礼

脳をワクワクさせて潜在能力を引き出す朝のアプロ―チ

ワクワク朝礼 …ボトムアップ理論において重要な「あり方」を磨くためのアプローチの一つ。
一人ひとりの元気・やる気を引き出し、組織の士気を高め、環境を明るくし、個人と組織のそれぞれの能力を最大限に引き出す。

事例 …練習前のミーティングで……

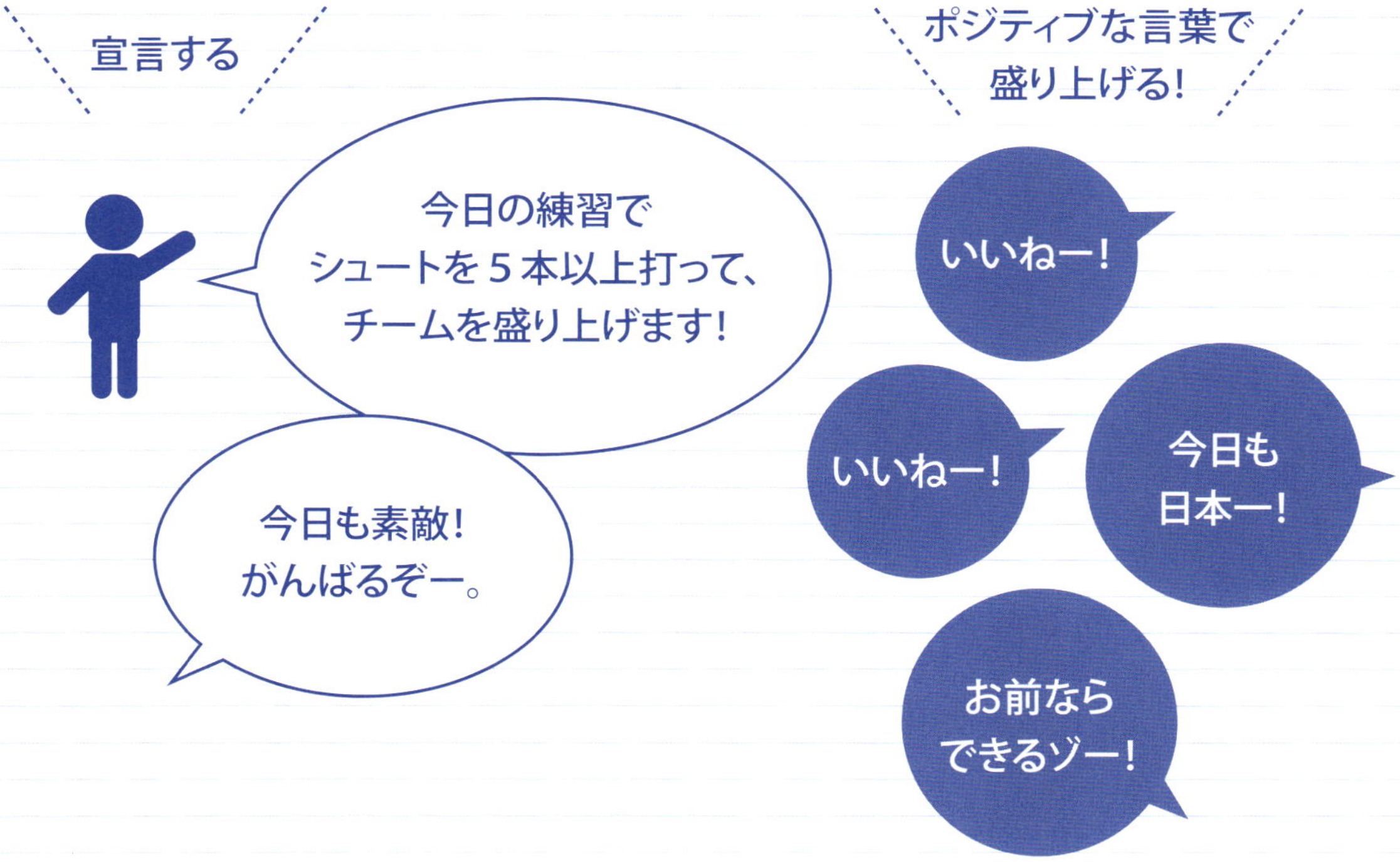

POINT

大脳の扁桃核を揺さぶり感情脳をワクワクさせ潜在能力を引き出し、プラス思考につなげる。

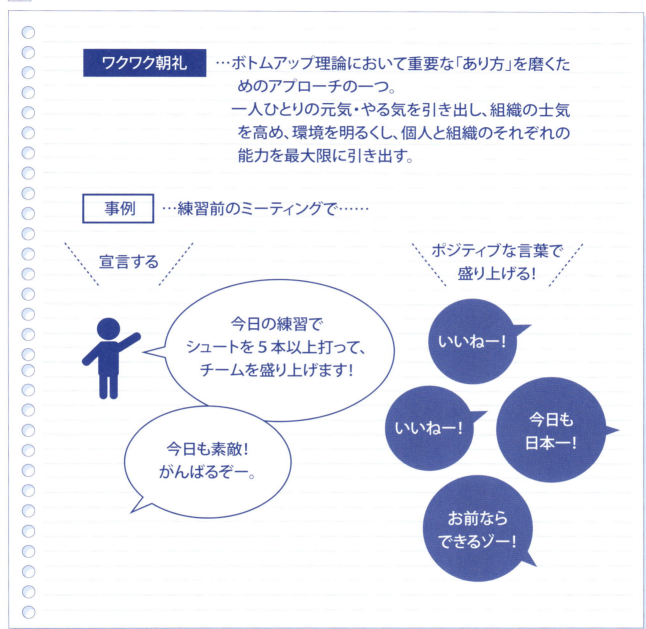

34 いいね！BOX（承認BOX）

他人に「いいね！」で承認しあう風土づくりの大切さ

誰かの良いところに目を向けて自分を承認し、思考も前向きに

承認には自己承認と他者承認の2段階があり、自己承認ができなければ他者承認までたどり着くことが難しいということは前述しました。しかし面白いことに、他者承認をしていくうちに、自己承認も起こるものであることが、心理学的に証明されています。つまり、他人を褒めていると自分の感情も盛り上がってくるということです。逆に、他人の悪口を言ったり、嫌な面だけを見るなどして他人を見下していると、自分の気持ちも悪くなってきます。「あの人のこんなところがいいなぁ」「あいつすごいなぁ」などと言っていると、自分のことも好きになってくるのです。

ここに目を付けたのが「いいね！BOX」です。チーム内の誰かの良いところを書いたカードをこの「いいね！BOX」に入れていきます。他人の良いところに目を向け、次々に承認していくことで自分の承認もできていくと、「よし、自分もこのチームの中で何か貢献できることをしよう」という考えになり、行動できるようになります。毎日他人に「ありがとう」の気持ちを表すと自分が承認されているように思えるようになり、自分のことが好きになるので、そういった風土をつくっていくためにこの「いいね！BOX」を活用しています。家庭において、お母さんはついつい子どもの悪い面ばかりを見て叱ってしまいがちですが、お母さんから子どもに向けての「いいね！」を伝えるようにすれば、子どももポジティブになれるし、家庭の雰囲気も明るくなってくるでしょう。この取り組みはサッカー部で始めたものですが、今では安芸南高校全体での取り組みとして広がっていて、企業でも取り入れるケースが増えてきています。

職場のポジティブな声掛けで承認しあう風土は離職率も下げる

会社でも、他人の良いところを見ようとして行くのと、「今日もあの人の嫌なところを見なきゃいけないのか」と思いながら行くのでは大違いです。良い会社には自然とこのような承認の文化があります。たとえ仕事で目立った実績を上げられていなくても、継続して承認されることで仕事を続けようとする意欲を持ち続けることができます。社内で「今日は○○してくれてありがとう」「今日はいいね！」などと言い合える風土であれば、会社を辞めたいという気持ちにはならないでしょう。逆に、「今日もお前は売り上げが上がらなかったのか」などとネガティブな言葉ばかり掛けられていれば、「もう会社を辞めてしまおう」という気持ちになるのも無理はありません。承認しあう風土をつくることは、離職率を下げることにもつながるのです。

「いいね！カード」を導入していたある企業は、「ここは直した方がいいな」と感じたことを書く「なおそうや！カード」を併用し始めました。私たちもこれはいいなと思って取り入れ始めたのです。ボトムアップ理論の良さは、導入した学校や企業がそれぞれ独自の取り組みを考案し、フィードバックして共有し、理論の深化やレベルアップができるところにもあると思います。

34 いいね！ BOX（承認BOX）

他人に「いいね！」で承認し合う風土づくりの大切さ

承認の欲求の２段階

他者承認 …他人を認める

↓

自己承認 …自分のことも好きになる

・他者承認と自己承認が同時に起こる

・毎日ありがとうと他人に言うと、自分が承認されているように思えるようになる

いいね!BOX（承認BOX）…

チーム内の誰かの良いところを書いたカードを「いいね!BOX」に入れる

↓

他人の良いところに目を付け、次々に承認。自分の承認もできていく

↓

自分もこのチームのなかで何か貢献できることをしようと行動に出る（自立していく）

POINT

誰かの良いところに目を向けて自分を承認し、思考も前向きに。

35

ハインリッヒの法則

ミスに気づき、危険性を予測して重大事故を未然に防ぐ

大事故を未然に防ぐために必要なのはミスに気づく感性

1件の大きな事故の背後には中程度の事故が29件隠れていて、さらにその背後には300件もの微小事故が隠れているというのが「ハインリッヒの法則」です。組織の危機管理において、大事故を未然に防ぐには、事故には至らなかった小さなミスを日頃からできるだけなくすことが大事という教訓が、この法則から導かれます。この小さいミスは「ヒヤリ・ハット体験」ともいわれ、ヒヤリとしたりハッとするような危険な事象を指します。

サッカーチームで考えると、システムを構成する基本要素には、人（監督・選手）、設備（環境・グラウンド状態）、材料（シューズ・ユニフォーム）、方法（戦略・戦術）などが挙げられますが、チームの危機管理を考える上で欠かせないのが、「人は本来、エラーするものである」という前提です。その前提に立ち、エラーをなくすためにはどうすれば良いかを考えていくべきでしょう。

人為的ミス、つまりヒューマンエラーにフォーカスすると、例えば階段を踏み外す、道具や機械を不適切に使用してケガをする、現場の空気感が悪い、「すべきことが決まっている」のに「すべきことをしない」あるいは「すべきでないことをする」といったことが原因で事故は起こります。一つひとつは些細なことでも、それらに気づく感性を備えた人間になろうとすることは、危機管理においてはとても大切です。

予測される危険性を全員で共有し小さなミスに気づく感性を養おう

こうした危機管理は、監督やリーダーがトップダウンで行うのではなく、全員でボトムアップ的に行う方が、意識も浸透しやすいと思います。例えば、夏の暑い日に工事現場で作業をする場合、「今日は暑いから水分を多く摂るようにしろよ」と現場監督から言われるよりも、「今日は暑いので、○分おきに水を飲みながら作業した方が熱中症にならずに済むね」と作業員全員で確認して取り組む方が望ましいでしょう。あるいは、「今日の現場にはこういう危険性があるから気をつける」とトップダウン的に言うよりも、現場の作業員全員でミーティングをして、「今日の現場にはどんな危険性があるのか」を一人ひとりが考え、予測される危険性を浮き彫りにしていくボトムアップ的アプローチの方が、より多くの危険な要因を見つけ出すことができます。すると、自分たちで予測した危険な要因に早く気づいて事故を未然に防ごうとする意識が高まり、必然的にエラーが少なくなっていきます。自ら考え、積極的に動いていくことは人間力を高めることにつながり、これこそボトムアップ理論が目指すものです。もし、事故につながる可能性のある「ヒヤリ・ハット体験」をしてしまったら、その原因はどこにあったのか、同じミスを繰り返さないためにはどんな対策をすべきかを、全員で共有することが大切です。そのような些細なミスに自分で気づく感性を日頃から養っておくことも、危機管理をしていく上で重要といえるでしょう。

35 ハインリッヒの法則

ミスに気づき、危険性を予測して重大事故を未然に防ぐ

ハインリッヒの法則

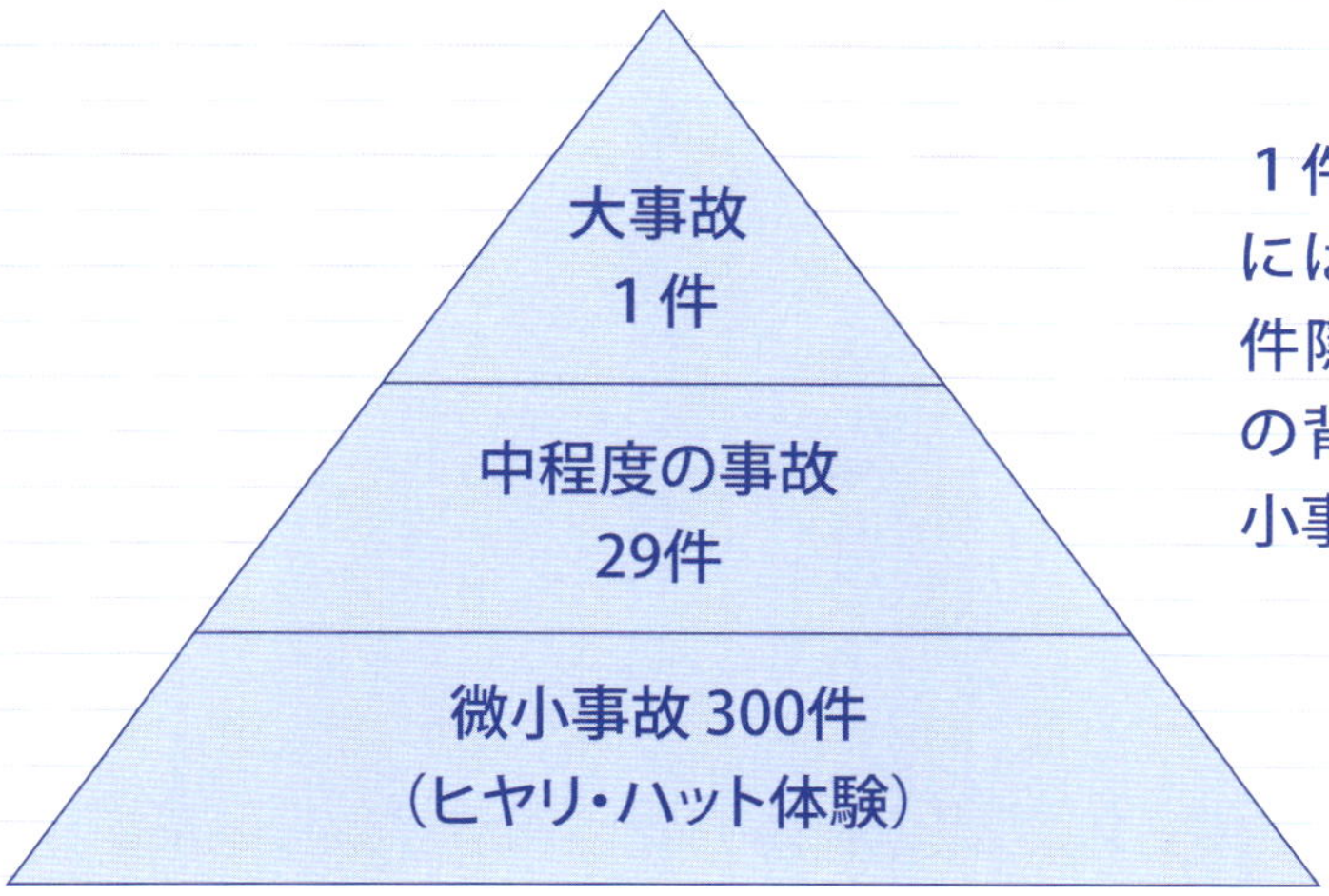

1件の大きな事故の背後には中程度の事故が29件隠れていて、さらに、その背後には300件もの微小事故が隠されている

サッカーチームで考えること　システムを構成する基本要素

① 人（監督・選手）……Key word
②設備（環境…天候・グラウンド状態）
③材料（シューズ・ユニフォーム）
④方法（戦略・戦術）

※「人は本来、エラーするものである」という前提に立ち危機管理を考える

POINT

予測される危険性を全員で共有し
小さなミスに気づく感性を養う。

36 みんなで考える

「全員で考え、行動することを繰り返して組織は進化する」

対立を乗り越え、理解し合えば組織は機能し成果を挙げられる

組織が進化していくプロセスは、形成期、混乱期、統一期、機能期という4段階に分けられます。これが「タックマンモデル」です。メンバーが決まり、組織が形成される形成期は、まだお互いのことを知らず、目標も決まっていないために目指す方向も各自バラバラの段階です。

その次にやってくるのが混乱期。組織が目指す目標に対して、各自の意見の食い違いでぶつかり合ったり、人間関係がうまくいかなかったりするなど、対立も目立つようになります。ここで組織は一度縮まるような形になるのですが、組織進化の過程で混乱期があるのは当たり前のこと。もちろん、混乱したまま放っておけば混乱期が長引き、組織はそのまま崩壊してしまう可能性もあります。

混乱期を乗り越えて、メンバー同士が理解し合い、各自が組織の中で何をすべきかに気づくようになるのが統一期です。組織としての目標も共有され、全員が同じ方向を向いて進むようになり、行動における共通の規範が形成されていきます。

メンバーが組織内の規範に従って行動できるようになれば、組織はうまく機能し始め、成果を挙げられるようになります。これが機能期です。

正しくぶつかり合って乗り越えるポイントは混乱期にあり

この4段階のプロセスは、ほとんどの組織が必ず通るものであり、混乱期を避けて統一期や機能期にたどり着くことはできません。そして、この混乱期をどう乗り越えるかが、成果を挙げられる組織になるための重要なポイントなのです。メンバー同士がぶつかり合うことを恐れ、各自が不満をもったままの状態では機能期に大きな成果を得ることが難しく、いがみ合いで各自に遺恨を残すようでは組織が崩壊します。健全に意見や主張を出し合い、混乱期をできるだけ早く乗り越えるのが理想の姿でしょう。互いに理解し合い、チームがうまく機能するよう正しくぶつかり合うことは、大きな成果を生む組織になるには必要なことなのです。

それぞれのプロセスにおいて、組織が次の段階へステップアップするためには、監督やリーダーだけが考えて実行しようとしてもなかなかうまくいきません。特に混乱期には、メンバー全員で今の状態をどう打開して良い方向に持っていけば良いのかを考える、ボトムアップ的なアプローチが求められます。この場合、PDCAやボトムアップミーティングなどの手法を使って考えていくのも効果的でしょう。

左のタックマンモデルを表したグラフでは、機能期は右肩上がりに成果を挙げる形になっていますが、成果が上昇していくときがあれば、再び下降するときもやってきます。そのときは再度、正しくぶつかり合い、理解し合い、うまく機能する組織になっていけば良いのです。このように4つのプロセスを繰り返していきながら、みんなで考え、組織はどんどん進化していくものなのです。

36 みんなで考える

全員で考え、行動することを繰り返して組織は進化する

チーム形成のプロセス(タックマンモデル)

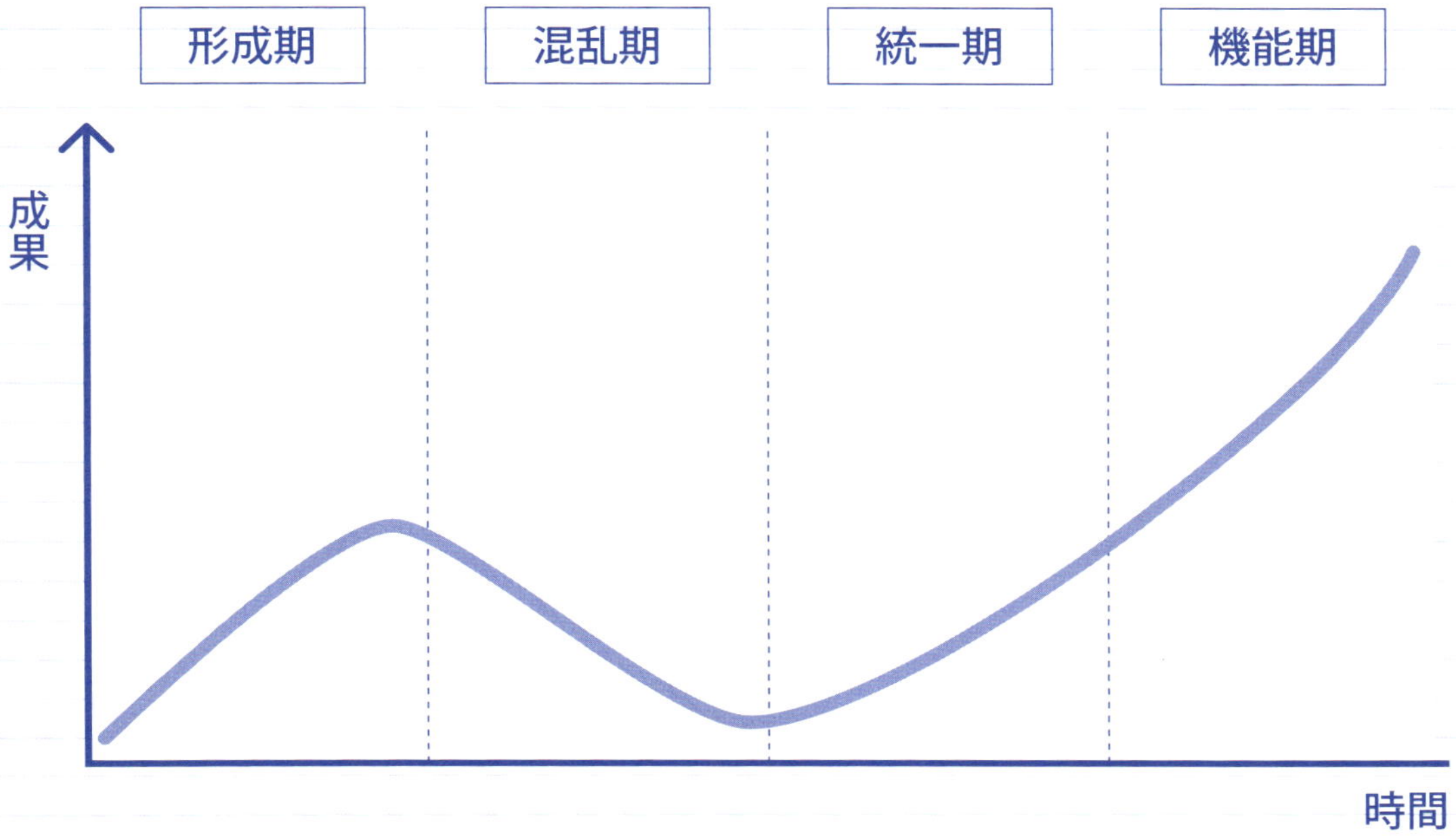

①チーム形成の中で混乱期があるのは当たり前

②混乱期を避けては機能期にたどり着けない

③混乱期が長続きするとチームは崩壊する

POINT

**正しくぶつかり合って乗り越える
ポイントは混乱期にあり。**

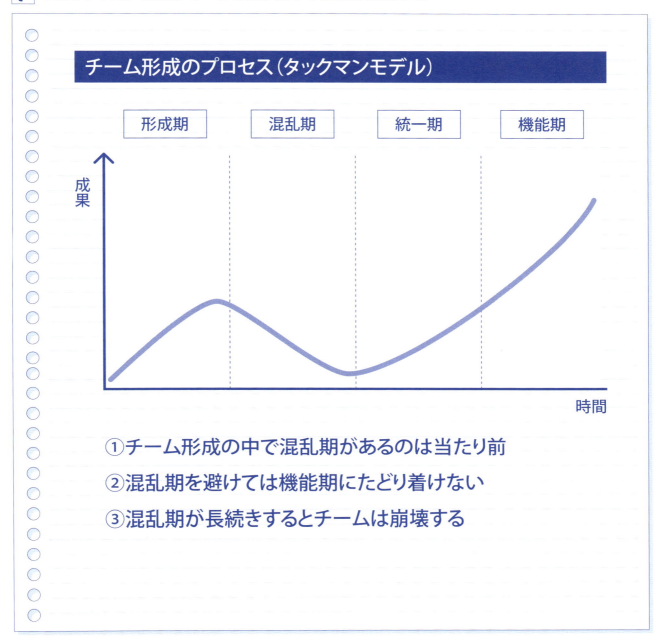

37
コンラッドローレンツ定理
最初に見たもののインパクトが、のちの行動に大きく影響

先輩の姿を見て感じて行動する あえて〝教えない〟新人教育

コンラッドローレンツ定理とは、生まれたての動物が、最初に目にしたものに付いていくという本能的な行動のことです。人間も同様に、最初に見たものを自分の基準とする傾向があります。

私たちが新人教育を行う上でも、最初の2カ月間は新入部員に対して理論や規律を一切教えることはしていません。靴並べや掃除、挨拶など、先輩たちの姿を見ながら、自分で見て感じて気づいて行動する中で、いろいろなことを覚えていくようにしています。指導する側は、「この子はじっくり考えながら行動しているな」「この子は少し怠けるところがあるな」「言ったことをすぐに理解できる子だな」など、チームの中で一人ひとりを見極めます。それから2カ月経った頃に、少しずつチームとしての規律やルール、マナーなどを教えていきます。教える前に一人ひとりを知っておくことで、10人いれば10通り、それぞれに的確なアサーションを行使しながら導いていくのです。

新人というものは自然な緊張感を持っていて、感受性が実に高い状態にあります。会社であれば、入社直後の新入社員が、「この会社はこんな会社だな」と感じたことが、その後に大きく影響するものです。よって、基本教材や方法を最初にきちんと五感で感じさせることが大切なのです。これができなければ、新人はそれぞれに自分のレベルで解釈してしまい、育成の悪い構図ができてしまいます。

つまり、整理整頓のできていない部室や、散らかった靴などを最初に何気なく見せてしまうと、新人は「ここでは適当にやっても大丈夫なんだな」と勘違いしてしまうということです。最初だからこそ、本物を見せないといけないのです。「こんな部室見たことない！」と新人にインパクトを与えるほど整理整頓された部室を最初に見せると、それが頭の中にインプットされ、「よし、本気でやらないといけないな」と気を引き締めることになるでしょう。ヒヨコが、最初に見た動物を自分のお母さんだと思って付いていくのと同じです。このように、最初からあえて教えないのもボトムアップ的なアプローチといえます。

きれいな部室のインパクトは 部員への期待も大きく高める

学校に見学に来られた方に対しても、私たちは練習より前に部室を見ていただくようにしています。来客があるから部室をきれいにしているのではなく、日頃からこれが当たり前なのですが、最初に自分たちの自信がある部分を見ていただくとインパクトも大きいものがあります。すると、部室を見た方には「部員たちはどんな練習をしているのだろう？」というワクワク感が高まります。最初に目にしたものが後に大きい影響を及ぼすという考え方は、仕事にも子育てにも共通していえることだと思います。本も、表紙を見て「これはどんな内容なのかな？」と興味をそそられるのも、最初に目にしたものでしょう。ワクワクさせるという意味では同じでしょう。新人教育は、最初の瞬間を大切にしたいものです。

37　コンラッドローレンツ定理

最初に見たもののインパクトが、のちの行動に大きく影響

コンラッドローレンツ理論…生まれたての動物が最初に目にしたものについていくという本能的行動

ボトムアップの新人教育のプロセス

最初の2カ月… 理論や規律を一切考えず、
靴並べや掃除、挨拶など先輩たちの姿を見ながら
「見て」「感じて」「気づく」ように導く。
指導する側は一人ひとりの性格や思考を見極める

2カ月後… 少しずつチームとしての規律やルール、
マナーを指導。
一人ひとりに的確なアサーションを行使しながら導く

POINT

新人教育は、基本教材や方法を最初にきちんと五感で感じさせることが大切。

38 コミュニケーションの3つのスキル

「聴いて理解し、関わるスキルで子どものやる気を引き出す」

決めつけず周囲の声に惑わされず本人の声にしっかり耳を傾ける

やる気を引き出すコミュニケーションを図るためには、3つのスキルが求められます。それが「聴く、観るスキル」「理解するスキル」「関わるスキル」です。具体的には、「聴く、観るスキル」は傾聴と観察、「理解するスキル」は共感的・多面的理解、「関わるスキル」はほめ方・叱り方・問い方ということができます。

「聴くスキル」は、まずは何に焦点を当てて聴くかが大切で、一番は本人が問題としていることを聴くこと。その次に、本人の関係者が問題としていることを聴く。そして、聞き手が問題としていることを聴いていこうということです。例えば、遅刻してきたときに、なぜ遅刻してきたのかを聴くときには、本人が言っていることを一番重要視しなければなりません。それなのに、聞き手が「お前、寝坊したんじゃないのか?」などと決めつけて言ってしまうのはNGです。他の子どもが「先生、あいつはきっと寝坊ですよ」などと言うのを一番に聞き入れるのもダメ。やはりまずは、本人が言ったことを一番に聴いてあげなければ、子どもからすれば「自分の言うことを信じてもらえなかった」という残念な思いしか残らず、不信感まで招きかねません。何か問題が起きたときに、「あの子はどうなんだ?」と子どもたちに聞いても、本当か嘘か分からないことを言ってくるかもしれないのです。よって、直接本人に聞き、本人が言っていることをまず問題視してから解決に向かっていかなければなりません。

行動の背景に目を向けて理解しやる気を引き出す関わり方を

「理解するスキル」は、行動の背景を理解することが大切ということです。一つひとつの行動には必ず理由があり、なぜそれをするのかという背景があります。先ほどの遅刻の例にしても、何らかの背景があるものです。遅刻自体を最初から悪いと決めつけるのではなく、「もしかしたら登校中に、倒れていたおばあちゃんを助けたから遅刻したのかもしれない」など、行動の背景を探っていくことが理解するスキルとしてはとても大事です。忘れ物についても同じです。行動のうわべだけを見て判断するのではなく、なぜそうしたのか、行動の背景にどのような感情・欲求・期待・意図が隠されているのかというところまで入り込み、コミュニケーションを図っていくことが大事でしょう。私たち指導者も、うわべだけのやり取りで子どもたちを本当に理解することは難しいと思います。

「関わるスキル」は、子どものやる気を引き出すためにどう関わっていくべきかというところです。「ナイスプレー!」などと声を掛けてほめる、「いいね!」などと言って相手を尊重して承認する、「今日は頼んだよ!」などと言って信頼して任せるといったポジティブな関わり方をしていくのが良いでしょう。逆に、「こら! 気合いを入れろ!」「何をやっているんだ!」などと怒ったり怒鳴ったりするのは、良い関わり方とはいえません。自分本位のコミュニケーションにならないよう、気をつけたいものです。

38 コミュニケーションの3つのスキル

聴いて理解し、関わるスキルで子どものやる気を引き出す

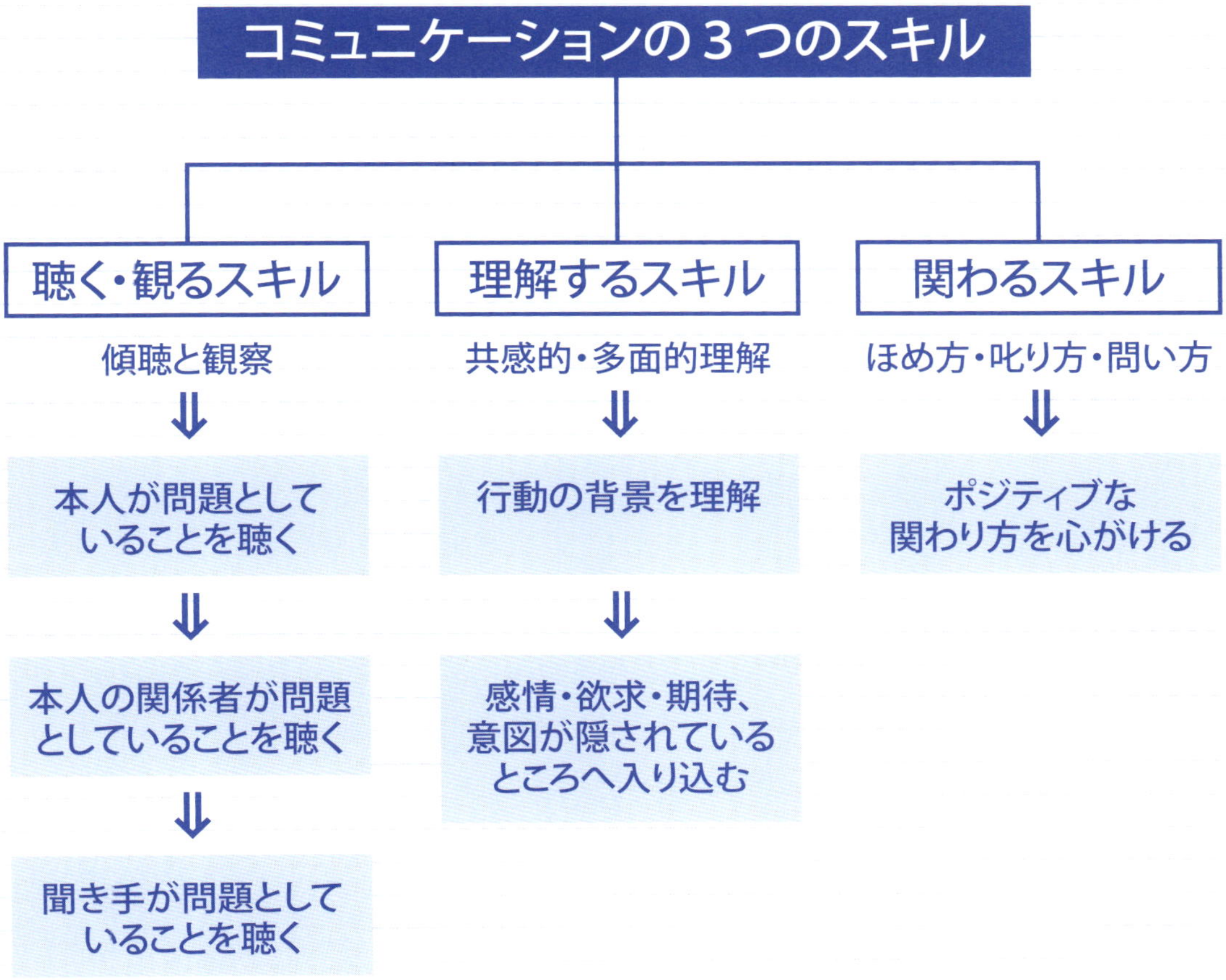

POINT

決めつけず、周囲の声に惑わされず
まず第一に本人の声にしっかり耳を傾ける。

ボトムアップ理論® 応用編の まとめ

1 5つの構成要素から成る人間力＝生きる力

「実践力」「体力」「コミュニケーション力」「気力」「知力」から構成される人間力は、言い換えれば「世の中を生き抜く力」。ボトムアップが目指すのは勝利でなく人間力の育成であり、企業でも最終的な目的は目先の利益より社会貢献であることを見誤ってはならない。

2 「メタ認知」で自分を客観視し、メンタルを制御

結果だけでなく過程を大切に考えるボトムアップ理論において、自分を客観視する「メタ認知」の力はぜひ高めたい。結果を求める過程において自分を客観的に振り返ることで、ミスをしても次から繰り返さないよう自分をコントロールできる力が付いてくる。

3 ピッチの内外から追求する「グッドゲーム」

技術や戦術、体力など、試合に勝つために必要な直接的スキルだけでなく、コンディション維持やフェアプレー精神など間接的スキルも磨くことで、ピッチ内外から「グッドゲーム」を追求。ビジネスでも、仕事のスキルとコンディションを整える力の両方が必要。

4 個人の能力向上と全員連携で奇跡を呼び込む「TEAM」

「一人ひとりがみんなで一つになり、団結したときに成し遂げられるのが奇跡」を意味する「TEAM」。個人が能力を高めてチームに貢献しつつ、全員が調和してうまく連携できてこそ奇跡は起きるもの。奇跡が起きなければ、個とチームに足りないものを考えてみよう。

5 トップダウンとボトムアップの融合化で自立型組織へ

トップダウンとボトムアップは一連のものと考え、最初はトップダウン的に指示命令を出し、少しずつボトムアップ的アプローチへ移行。一人ひとりに任せ、考えさせて現場力を高めることで、「やらされる」から「進んでやる」自立型組織への成長を目指す。

おわりに

自ら考えて、積極的に行動する人づくりと自主自立型の組織構築が日本の未来を変える

能力が高くても最後は人間性 勝利至上主義では育成に限界あり

２０１８年は、実に多くの不祥事が明るみに出た年でした。ボクシングやアメリカンフットボールなどスポーツ界だけでなく、ビジネス界でも、日産のカルロス・ゴーン氏の件をはじめとした不祥事が連日報道されました。

スポーツもビジネスも、どれほど高い能力を持っていたとしても、最後に問われるのは人間性です。私は、スポーツとビジネスのどちらも、人間性で行うものであるという理念を持っているので、部活動においても人づくりは絶対に欠いてはならないことだと考えています。県外のサッカー強豪校でも不祥事がありましたが、いくら良いものを持っていて好成績を上げていても、人づくりを疎かにしてトップダウン的な体制や勝利至上主義を掲げていれば、最終的にはうまくいかなくなってしまうということにもなりかねません。

人づくりを通して世の中を変える ボトムアップ理論が秘める可能性

私たちが提唱し続けているボトムアップ理論は、まさに人づくりを目的とした理論であり、人づくりを通して世の中を変えていくことを目指すものです。この理論がより広く浸透すれば、今までのような不祥事や事件も大きく減らしていけると思います。そんな思いもあって、ボトムアップ理論をより多くの方に理解していただけるよう、本書では図や表を多く用いてインパクトのある表現をしてみました。思考を具体的に可視化できるようにも構成しています。

日本ではいまだに小・中・高校生で年間３００人以上が自殺で命を落としています。学校だけでなく企業においても、ボトムアップ理論の実践がこの悲しい現状を打開する文化を日本につくっていく一助となるよう、今まで以上に情熱を持って発信していかなければならないと思っています。

目的意識を全員が共有した上で 自ら考えて、積極的に動ける人間に

技術面や戦略面を磨く参考書は世の中にいくらでもあります。しかしそれ以前に、組織

づくりや人づくりにおいて、「何のためにやるのか」という目的を組織全体で明確にしておくことがまずは必要です。全員がしっかりと自ら考えて積極的に行動し、自主自立型の組織を目指すことを本気で考えていかなければならないのではないでしょうか。それができてから、技術的、戦略的な面での向上を図るべきだと考えます。これも、スポーツとビジネス両方に共通していえることでしょう。

スポーツ庁からも、短時間での練習や、時間の少ない中でどう成果を出すかが今、指導者に求められています。これに応えるには、現場の力が必要です。現場の人間が自ら考えて、実践することができなければ、練習時間も必然的に長くなり、勉強との両立も難しくなってきます。現場の人間に力をつけさせるためにも、ボトムアップ理論は有効だと考えます。

日本のスポーツやビジネスの現場に蔓延している悪い風習や慣例などを一新し、革新をもたらして日本の文化を変える可能性も秘めたボトムアップ理論を、今こそ皆さんにもっと知っていただきたいと思います。そうすることによって、来る2020年の東京オリンピックにおいても、ただ「結果を出してメダルが取れれば良い」ではなく、結果を求め、結果を出した後が本当に大切なのだということがイメージできるでしょう。スポーツもビジネスも、人がするものです。最後は人なのだということをうまく皆さんに発信し、そこで共感してもらえたらうれしく思います。

ボトムアップ理論の浸透を目指す「ボトムアップパーソンズ協会」

「道徳心、倫理観を持った人間力の育成」をミッションに掲げるボトムアップ理論の理解をさらに広めるべく、私は2015年に「一般社団法人ボトムアップパーソンズ協会」を立ち上げました。協会では、「スポーツの強化、普及の促進活動」「企業人財教育、そして組織構築の促進を図る事業活動」「地域社会の健全な発展を目的とする事業活動」を柱とした活動を行っています。

「スポーツの強化、普及の促進活動」は、日本各地でボトムアップ理論の講演や、ボトムアップ式指導の実技指導を開催。幼少時から自ら考えて積極的に行動する習慣や、目に見えないものを心の目で見ていく力は、社会人になって必ず生きてくると考え、保育園児から大学生までのカテゴリーを中心に実践しています。

「企業人財教育、そして組織構築の促進を図る事業活動」は、異業種の企業人財教育の一助となり得るよう、「打てば響くボトムアップ理論」を全国各地で講演。本書でも紹介したワールドカフェなどグループワークも取り入れつつ、新人教育や組織構築のボトムアップ式指導による手法と必要性を発信しています。

「地域社会の健全な発展を目的とする事業活動」では、地域に密着した「自ら考えて、積極的に行動する力を育むボトムアップ理論」を発信。挨拶や掃除、整理整頓など、まず目に見える活動を通して自発的な基本的生活習慣を確立し、今後の地域の活性化に役立つ人を育てていきます。

これからの日本を見据えると、ボトムアップ理論が人づくりと組織づくりの文化になっていくことはとても大切だと考えています。日本という国が、多種多様な人たちと力を合わせながら協働して物事をつくっていくことを土台とする国であってもらいたい。そんな想いや願いも込めて、私は今後もボトムアップ理論への理解を広める活動を継続していきたいと思っています。

一般社団法人ボトムアップパーソンズ協会
代表理事　畑 喜美夫

●プロフィール

著者・監修：畑 喜美夫（はた・きみお）

1965年11月27日生まれ。広島県広島市出身。小学校2年生から広島大河フットボールクラブでサッカーを始める。その後、東海大一高校（現・東海大学付属静岡翔洋高校）へ越境入学。静岡県選抜で長谷川健太（元日本代表、J1 FC 東京監督）や三浦泰年（元日本代表）や武田修宏（元日本代表）と国体2位。U-17 日本代表にも選ばれる。順天堂大学に進学し、2年時に U-20 日本代表を経験。4年時に関東選手権、総理大臣杯、全日本インカレの三冠に貢献。社会人でも広島県選抜選手として国体で優勝するなど現役として全国優勝を3度果たす。卒業後は、廿日市西高校を経て、1997年に広島観音高校へ赴任。自ら考えて積極的に行動する力を引き出す「選手主体のボトムアップ理論」を用い、2003年に初の全国大会に導き（全日本ユース大会ベスト12）、2006年は全国高等学校総合体育大会サッカー競技大会（インターハイ）で 36 年ぶりの初出場初優勝の全国制覇の快挙を果たした。その後も数々のタイトルを獲り、全国大会も13度出場し、プロ選手（Jリーガー）も十数名育てた。日本サッカー協会公認 A 級ライセンス、日本体育協会上級コーチも取得している。2009年には U-16 日本代表コーチに就任した。転勤で 2011 年に広島県立安芸南高校に赴任し、5 年目で弱小チームを県ベスト8、県トップリーグ（1 部）まで引き上げた。2019 年 4 月から広島県立高陽高校に勤務している。フジテレビ「とくダネ」、日本テレビ「世界一受けたい授業」NHK「おはよう日本」などに特集され、テレビ朝日「ニュースの深層」に出演した。また本の出版、雑誌連載、CD、DVD、ラジオ、J リーグ解説、2015年 7 月には一般社団法人ボトムアップパーソンズ協会を設立し代表理事も務め、全国各地・海外への講演活動（年間 120 本）など多方面で活躍している。

〈一般社団法人ボトムアップパーソンズ協会〉
https://bup-hiroshima.com

[図解] ボトムアップ理論®

〈検印廃止〉

2019 年 5 月 25 日　第1刷発行
2023 年 8 月 31 日　第4刷

著　者　畑 喜美夫
発行者　田中朋博
発行所　株式会社ザメディアジョン
〒733-0011　広島市西区横川町 2-5-15　横川ビルディング
電話　営業部 082-503-5035　編集部 082-503-5051　FAX　082-503-5036
http://www.mediasion.co.jp
編　集　山本安彦　編集協力　西田久恵
カバーデザイン　村田洋子　校閲　大田光悦　DTP 編集　岡田尚文
印刷所　株式会社シナノパブリッシングプレス